pérolas de sabedoria

OSHO

pérolas de sabedoria

MENSAGENS SOBRE A EXISTÊNCIA

Tradução
Carlo Corabi

academia

Copyright © 1988, 2009 Osho International Foundation, Switzerland
Copyright © Editora Planeta do Brasil, 2022
Todos os direitos reservados.
Título original: *Gold Nuggets: Messages from Existence*

O material deste livro foi selecionado a partir de várias palestras de Osho proferidas ao vivo para uma plateia. Todas as suas palestras foram publicadas na íntegra como livros, e também estão disponíveis em gravações de áudio originais. As gravações e o arquivo de textos completos podem ser encontrados na biblioteca on-line OSHO no endereço www.osho.com.

OSHO® é uma marca registrada da Osho International Foundation, www.osho.com/trademarks.
www.osho.com/copyrights
2022

Preparação: Thais Rimkus
Revisão: Fernanda França e Renata Del Nero
Diagramação: Márcia Matos
Capa: Adaptada da capa original de Terry Jeavons

Dados Internacionais de Catalogação na Publicação (CIP)
Angélica Ilacqua CRB-8/7057

Osho
  Pérolas de sabedoria: mensagens sobre a existência / Osho; tradução de Carlo Corabi. -- São Paulo: Planeta do Brasil, 2021.
  168 p.

ISBN 978-65-5535-612-0
Título original: Gold Nuggets: messages from existence

1. Autoajuda 2. Desenvolvimento pessoal I. Título II. Corabi, Carlo

21-5400   CDD 158.1

Índice para catálogo sistemático:
1. Autoajuda

MISTO
Papel produzido a partir de fontes responsáveis
FSC® C019498

Ao escolher este livro, você está apoiando o manejo responsável das florestas do mundo

2022
Todos os direitos desta edição reservados à
EDITORA PLANETA DO BRASIL LTDA.
Rua Bela Cintra, 986 – 4º andar
01415-002 – Consolação
São Paulo-SP
www.planetadelivros.com.br
faleconosco@editoraplaneta.com.br

A vida e você se bastam. Não é necessário que nenhum agente se interponha entre você e a vida para interpretar, dizer "quanta beleza!", ninguém que leve sua mensagem para a vida e traga dela respostas até você.

No Oriente, diz-se que o Universo é semelhante a uma teia de aranha. Se você tocar num único fio, toda a teia sentirá a vibração. Tocando em uma única folha de grama, terá tocado na maior estrela, a estrela mais longínqua, porque o todo é um organismo uno, e nada está separado. Foi simplesmente a ignorância que criou a concepção de ego.

E assim o ser humano vive numa espécie de autoexílio. Construímos uma pequena bolha ao redor de nós mesmos, nos blindamos, nos alienamos. E, desse modo, sofremos, permanecemos infelizes. Assim, não conseguimos encontrar sentido ou significado para a vida. Nós nos sentimos sem chão para nos apoiarmos, sem uma base que nos sustente. Como se fôssemos algo acidental, desnecessário; como se a vida seguisse funcionando da mesma maneira, estando nós aqui ou não. Isso nos gera uma imensa ferida. Perdemos a confiança, a crença em nós mesmos. Nós nos tornamos algo sem sentido, inútil; passamos a viver como se tivéssemos vindo à existência por acaso.

E todo esse absurdo surge porque elaboramos a ideia do ego. O ego é uma tentativa de desconectar você do todo e, embora não se possa separar dessa totalidade, você pode viver acreditando que conseguiu fazer isso. Sua crença é a causa de seu inferno. Abandone a crença no ego e imediatamente perceberá mensagens trocadas entre você e o todo, continuamente, a cada momento, dia após dia. E, então, pássaros cantando trarão mensagens; flores que se abrem ou estrelas brilhando na noite também serão mensageiras. Desse modo, toda a existência se torna um livro que se abre, a verdadeira Bíblia. Você já não precisa mais de velhas e deterioradas escrituras, pode simplesmente observar ao redor e passar a ler a própria vida. Haverá, então, sermões em todos os lugares, livros sagrados por toda parte, músicas por onde estiver.

Diante da vida, é preciso estar em silêncio; toda palavra deve cessar. Você não deve pronunciar nada. Pelo contrário, a oração é o próprio ato de escutar. Você tem que ouvir a vida e não permanecer falando. Se falar, quem irá ouvir? Se falar e estiver muito envolvido nas palavras, quem o escutará? E, em cada momento, existe uma mensagem.

Viva integral e intensamente, de modo que cada momento resplandeça como ouro e sua vida inteira se torne uma série de momentos dourados.

Uma pessoa assim nunca morre, porque possui o toque de Midas: aquilo em que tocar se transforma em ouro.

Essa vida insignificante que você tem levado pode se tornar um paraíso. Esta mesma Terra é o paraíso do lótus.

A única responsabilidade legítima é em relação ao próprio potencial, sua inteligência e sua percepção, e a agir em conformidade a isso.

Ao vir ao mundo, você não nasce como árvore, nasce apenas como semente. Você precisa crescer a ponto de florescer, e esse florescimento será seu contentamento, seu preenchimento.

Esse desabrochar nada tem a ver com poder, dinheiro ou política. Tem a ver com você. É um progresso individual.

Você deve se tornar uma celebração de si mesmo.

O anseio por uma utopia é basicamente o desejo de harmonia no indivíduo e na sociedade. Nunca houve harmonia; sempre existiu o caos. A sociedade foi dividida em diferentes culturas, religiões, nações – todas baseadas em superstições. Nenhuma dessas divisões é verdadeira. Elas apenas mostram que o ser humano está dividido dentro de si mesmo. Elas são as projeções de seu próprio conflito interior. Ele não é uma unidade internamente – e por isso não pode criar uma sociedade única, uma humanidade, exteriormente.

A causa não está fora.

O exterior é apenas reflexo do interior do indivíduo.

As pessoas não prestaram muita atenção ao indivíduo. E essa é a raiz de todos os problemas.

No entanto, como o indivíduo parece ser muito pequeno, e a sociedade tão grande, as pessoas pensam que podemos transformar a sociedade e que, a partir daí, os indivíduos mudarão. Isso não acontecerá porque "sociedade" é apenas uma palavra; o que existe são indivíduos, não existe de fato a sociedade. A sociedade não possui alma; você não pode mudar nada nela. Pode-se tão somente mudar o indivíduo, ainda que ele pareça algo pequeno. E, uma vez que se conhece o mecanismo para mudar esse indivíduo, isso será aplicável a todos eles, em qualquer lugar.

Minha intuição é que um dia vamos atingir uma sociedade harmoniosa, muito melhor do que todas aquelas ideias que os utópicos têm produzido por milhares de anos.

Você nunca está totalmente satisfeito com quem é nem com o que essa existência lhe tem oferecido, porque anda distraído. Você foi direcionado para onde a natureza não o destinou. Você não está se movendo rumo ao próprio potencial.

Você vem tentando ser aquilo que os outros queriam que fosse, mas isso não gera satisfação. Quando isso não satisfaz, o lógico é dizer: "Talvez isso não seja suficiente, tenho que fazer algo mais". Então você vai atrás de mais, começa a buscar à sua volta.

E todo mundo se apresenta com uma máscara sorridente, aparentando ser feliz – ou seja, todos estão se enganando. Você também usa máscara, de modo que os outros pensam que está mais feliz que eles, e você pensa que são eles que estão mais felizes. A grama do vizinho sempre parece mais verde. E seus vizinhos olham a sua grama e acham que a sua é ainda mais verde. Parece ser mais verde, mais vistosa, melhor. Essa é a ilusão que a distância cria.

Se você chega perto, começa a perceber que não é bem assim. Entretanto, as pessoas se mantêm longe. Mesmo amigos, e até amantes, se mantêm distantes um do outro; muita proximidade é algo perigoso, eles poderiam ver seu verdadeiro eu. Desse modo, você tem sido enganado desde o princípio; independentemente do que faça, permanecerá sofrendo. Você vê alguém com muito dinheiro e acha que talvez o dinheiro traga felicidade. Olha para essa pessoa e pensa em quão feliz ela parece. Então você corre atrás do dinheiro. A pessoa torna-se mais saudável indo atrás da saúde. Alguém está fazendo qualquer coisa e parece contente, então vou seguir seus passos. Porém, são sempre os outros.

A sociedade planejou isso para que você nunca reflita sobre o próprio potencial. E todo esse sofrimento é por não ser você mesmo. Apenas seja você mesmo, então não haverá mais sofrimento, competição ou aborrecimento pelos outros terem mais ou por você não possuir mais.

Se quer uma grama mais verde, não há necessidade de olhar do outro lado da cerca; faça ela se tornar verde em seu próprio jardim. É simples.

A pessoa deve estar conectada ao próprio potencial, seja ele qual for. E o mundo se tornará tão feliz que você nem imagina.

Estar vivo significa ter senso de humor, possuir traços amorosos, nutrir alegria.

Sou absolutamente contra todas as atitudes negativas em relação à vida; e o respeito pelo divino tem sido negativo em relação a ela. Para torná-lo assertivo, a diversão, o senso de humor, o amor e o respeito precisam estar reunidos, em conjunto.

A reverência à vida é o único respeito pelo divino, pois não há nada mais divino que a própria vida.

A pessoa nasce com grandes tesouros, mas também nasce com toda a sua herança animal. De algum modo, precisamos esvaziar essa herança e criar um espaço para que esse tesouro chegue à consciência e seja compartilhado, porque essa é uma das qualidades de um verdadeiro tesouro: quanto mais você o compartilha, mais ele aumenta.

Muitos de nossos problemas estão aí porque nunca os olhamos, nunca os focamos para descobrir o que são.

Dê vida a coisas belas. Não dê vida a nada feio. Você não tem muito tempo nem muita energia para desperdiçar. Com uma vida tão curta, uma fonte de energia tão pequena, é simplesmente estupidez desperdiçá-la com tristeza, raiva, ódio ou ciúme.

Utilize-a com o amor, com alguma ação criativa, na amizade, na meditação; realize com sua energia algo que o eleve. Quanto mais alto você for, mais fontes de energia tornam-se disponíveis. Isso está em suas mãos.

Ninguém é uma ilha. Isso deve ser lembrado como uma das verdades fundamentais da vida. Estou enfatizando porque tendemos a esquecer isso.

Todos compomos uma força vital, que é parte de uma única existência oceânica. Fundamentalmente, a possibilidade do amor emerge por sermos, no fundo de nossas raízes, uma unidade. Se não fôssemos um só, não existiria a possibilidade do amor.

O ser humano ainda carrega grande parte dos instintos animais: sua raiva, seu ódio, seu ciúme, sua possessividade, sua astúcia. Tudo a que foi condenado parece pertencer a um inconsciente profundamente enraizado. E todo o trabalho da alquimia espiritual consiste em como se livrar do passado animal.

Sem se livrar desse passado animal, a pessoa permanecerá dividida. O passado animal e a humanidade não podem existir como unidade, porque a humanidade tem as qualidades exatamente opostas. Então, tudo o que se pode fazer é tornar-se hipócrita.

No que diz respeito ao comportamento formal, seguem-se os ideais da humanidade de amor e verdade, liberdade, não possessividade, compaixão. Mas isso permanece numa camada muito fina e, a qualquer momento, o animal escondido pode ressurgir; qualquer incidente pode trazê-lo à tona. E quer ele surja, quer não, a consciência interior está dividida.

É essa consciência dividida que cria o desejo e a pergunta: "Como tornar-se um todo harmônico no que diz respeito ao indivíduo?". E o mesmo se aplica a toda a sociedade: "Como fazer a sociedade uma unidade harmoniosa, onde não existam guerras, conflitos, classes, nenhuma distinção de raças, castas, religiões e nações?".

Em vez de pensarmos em termos de revolução da sociedade, de sua estrutura, deveríamos pensar mais em meditação e em mudar o indivíduo. Essa é a única maneira de um dia abandonarmos todas as divisões na sociedade. Mas primeiro elas precisam ser eliminadas no indivíduo – para, então, serem excluídas no âmbito coletivo.

Não existe a VERDADE, que um dia você encontrará, abrirá a caixa e, vendo o conteúdo, dirá: "Que ótimo! Encontrei a verdade".

Essa caixa não existe.

É evidente a razão por que as pessoas falam sobre a verdade e permanecem no mundo das mentiras. Há, no coração, um anseio pela verdade; elas têm vergonha de si mesmas por não serem verdadeiras e, então, falam sobre a verdade. Mas é mera conversa. Viver de acordo com isso é muito perigoso, as pessoas não podem arriscar.

Também é esse o caso da liberdade. Todo mundo quer liberdade em termos de discurso, mas ninguém é realmente livre. E ninguém de fato quer ser livre, pois a liberdade implica responsabilidade. E ser dependente é fácil; a responsabilidade não é sua, a responsabilidade é da pessoa de quem você depende.

Dessa maneira, cria-se um modo de vida esquizofrênico. As pessoas falam sobre a verdade, falam sobre a liberdade e vivem em mentiras e escravidão... Escravidões de várias formas, porque cada escravidão o livra da responsabilidade. Alguém que realmente quer ser livre precisa aceitar imensas responsabilidades. Não pode despejar as próprias responsabilidades em mais ninguém. O que quer que faça, seja o que for, essa pessoa é a responsável.

Um indivíduo de fato não violento é aquele que não mata ninguém, que não fere ninguém, porque é contrário a matar e machucar. Então, se alguém começa a prejudicá-lo, ele também é contra essa agressão. Se alguém tenta matá-lo, igualmente ele é contra a matança e não permitirá isso.

Ele nunca iniciará a violência; se ela for iniciada contra si, porém, ele lutará com unhas e dentes. Somente então as pessoas não violentas podem permanecer independentes; caso contrário, serão escravas, pobres e continuamente roubadas.

Ser você mesmo lhe proporciona tudo de que precisa para se sentir realizado, tudo o que pode fazer sua vida ter sentido, ter significado. Apenas sendo você mesmo e crescendo de acordo com sua natureza é que o seu destino se cumprirá.

Seja imprevisível e esteja em constante transformação. Nunca pare de mudar e nunca deixe de ser imprevisível; só então a vida pode ser uma alegria. No momento em que você se torna previsível, você se torna uma máquina.

Uma máquina é previsível. É a mesma que era ontem, a mesma que é hoje, e será a mesma de amanhã. Ela não muda. Somente o homem possui a prerrogativa de mudar a cada momento.

No dia em que cessa de mudar, de um modo sutil, você morre.

Aposte todas as fichas. Seja um jogador! Arrisque. O momento seguinte é incerto, então por que se afligir? Por que se preocupar?

Viva perigosamente, viva com alegria. Viva sem medo, viva sem culpa. Viva sem receio do inferno e sem qualquer aspiração ao paraíso.

Simplesmente viva.

Todo erro é uma oportunidade de aprender. Apenas não cometa o mesmo erro repetidamente, porque isso é estupidez. Mas cometa tantos novos erros quanto for preciso ao arriscar-se – porque essa é a única maneira de a natureza permitir que você aprenda.

Religiosidade significa simplesmente um desafio para o crescimento, um desafio para a semente chegar ao ápice de sua expressão, irromper em milhares de flores e liberar o perfume que se encontrava guardado nela.

A esse perfume eu chamo "religiosidade".

Todo mundo é tão infeliz que o indivíduo quer encontrar motivo para explicar a si mesmo por que esta ou aquela pessoa é infeliz, por que sofre. E a sociedade lhe deu uma boa estratégia: julgar.

Primeiro, obviamente você se julga por tudo. Ninguém é perfeito e ninguém jamais o será, pois a perfeição não existe; portanto, o julgamento é muito fácil. Você é imperfeito, e existem coisas que evidenciam sua imperfeição. E então você fica com raiva, raiva de si mesmo, raiva do mundo todo, e questiona: *Por que não sou perfeito?* A partir desse viés, passa a olhar para todos procurando imperfeições.

E em seguida deseja abrir seu coração, num processo natural, porque, a menos que abra o coração, em sua vida não existe celebração, sua vida é quase algo morto. Entretanto, você não pode fazer isso diretamente. Precisará destruir essa dinâmica desde as raízes.

Portanto, a primeira lição é: pare de julgar a si mesmo.

Em vez de julgar, comece a se aceitar com todas as imperfeições, todas as fragilidades, todos os erros, todas as falhas. Não se cobre ser perfeito. Isso é simplesmente pedir algo impossível e com certeza vai gerar frustração.

Afinal, você é um ser humano.

Basta olhar os animais, os pássaros: nenhum deles está preocupado, nenhum está triste, nenhum está frustrado. Você não vê um búfalo em pânico. Ele está perfeitamente contente mastigando o mesmo capim todos os dias. Está quase iluminado! Não existe tensão, há uma extraordinária harmonia com a natureza, com ele mesmo, com as coisas como elas são.

Búfalos não fazem festa para revolucionar o mundo, transformar búfalos em superbúfalos, tornar búfalos religiosos, virtuosos. Nenhum animal está preocupado com as ideias humanas.

E todos eles devem rir: "O que aconteceu com você? Por que não pode ser apenas você mesmo? Qual é a necessidade de ser outra pessoa?".

Portanto, a primeira coisa é haver uma profunda aceitação de si mesmo.

Não condene a sensualidade. Ela tem sido censurada por todo mundo, e devido à sua recriminação, a energia que pode florescer a partir dela direciona-se para perversões, ciúmes, raiva, ódio, a um tipo de vida seca, sem frescor.

O sensualismo é uma das maiores bênçãos para a humanidade. É sua sensibilidade; sua consciência. É a sua consciência filtrando-se através do corpo.

Ao longo dos tempos, os pais transmitiram a ideia de que os filhos pertencem a eles e têm que ser cópias deles. Uma fotocópia não é algo perfeito, e a existência não acredita em fotocópias, mas se rejubila na originalidade.

Você tem que ajudar as crianças a crescerem indo além de você. Precisa ajudá-las a não imitar. Esse é realmente o dever dos adultos: ajudar os filhos a não caírem na imitação. As crianças são imitadoras, então naturalmente quem elas irão imitar? Os adultos, que são as pessoas mais próximas.

Até agora os adultos têm gostado muito disso, pois os pequenos são como eles. O pai sente-se orgulhoso porque seu filho é exatamente igual a ele. E assim uma vida é desperdiçada; logo seu filho não se fez necessário, ele foi apenas mais um.

Por essa concepção errada de orgulho em ter crianças imitando adultos, criamos uma sociedade de imitadores.

A obediência não necessita de inteligência. Todas as máquinas são obedientes. Ninguém nunca ouviu falar de uma máquina desobediente.

A obediência é algo fácil também. Ela tira o fardo de qualquer responsabilidade sua. Não há necessidade de reagir, você simplesmente faz o que está sendo dito. A responsabilidade recai sobre a fonte da qual o pedido se origina. De certa maneira, você fica bem isento, não pode ser condenado por seus atos.

A religiosidade não é algo em que se possa acreditar, mas uma coisa a ser vivida, a ser experimentada... Não se trata de uma crença em sua mente, mas da graça de todo o seu ser.

A mente não pode não julgar. Se você forçá-la a isso, surgirá um bloqueio em sua inteligência. E, então, a mente não funcionará perfeitamente. O não julgar não é algo que surge a partir do racional. Apenas quem foi além da mente pôde agir não julgando; caso contrário, o que lhe parece ser algo real, uma declaração verdadeira, não passa de aparência.

Tudo o que a mente decide ou afirma está poluído por seu condicionamento, por seus preconceitos – e é isso o que a torna julgadora.

Por exemplo: você vê um ladrão. Não há dúvida sobre o fato de que ele esteja roubando – e você faz uma afirmação sobre essa pessoa. Obviamente roubar não é uma atitude correta; então, quando você chama esse homem de ladrão, sua mente diz: *Você está correto; sua afirmação é verdadeira.*

Mas por que um ladrão é algo mau? E o que é a maldade? Por que ele roubou? Roubar é um ato singular: com base num único gesto, você está fazendo um julgamento sobre o indivíduo. Você o está chamando de ladrão, e certamente ele faz muitas outras coisas além de roubar.

Ele pode ser um bom pintor, pode ser um bom carpinteiro, um bom cantor, um bom dançarino – pode contar com mil e uma qualidades. A pessoa em sua totalidade é grande demais, e o roubo é uma ação única.

Baseado numa ação única, não se pode fazer um balanço sobre alguém. Você absolutamente desconhece essa pessoa, nem sequer compreende o ato, em quais condições aconteceu. Talvez naquelas condições você também tivesse roubado. Talvez nessas condições o roubo não fosse ruim – porque todo ato é relativo às condições que o cercam.

Se olhar ao redor e observar os diferentes condicionamentos das pessoas e suas ideias sobre o que é bom ou mau, certo e errado, será capaz de perceber que sua mente também faz parte de determinada parcela da humanidade. Ela não representa nada sobre a verdade, simplesmente representa esse segmento específico.

E, por essa lógica, o que quer que veja será um julgamento.

A existência é uma só. Suas expressões são milhões, mas o espírito que se expressa é o mesmo. É uma santidade com infinitas manifestações.

O dinheiro é uma coisa estranha. Se você não o possui, a questão é simples: você não tem, não há complicação. Mas, se tem, certamente surgem dificuldades.

Um dos maiores problemas que o dinheiro cria é que nunca se sabe se é você que o deseja ou ele que deseja você. E isso é tão difícil de descobrir que alguns prefeririam não ter dinheiro. Pelo menos a vida seria mais simples.

Então, uma coisa como dinheiro, que poderia possibilitar um grande prazer, acaba se tornando uma imensa angústia. Só que não é o dinheiro, é sua mente.

O dinheiro é útil, não existe pecado em ter dinheiro, não há necessidade de sentir-se culpado.

É desse modo que a mente cria o sofrimento. Você tem muito dinheiro e usufrui dele. Nesse caso, se alguém ama você, não questione a pessoa em relação a isso, porque a colocará numa situação muito difícil: se ela diz que ama, você não acreditará; se disser que ama seu dinheiro, você acreditará. Se diz que ama seu dinheiro, o relacionamento estará terminado. Caso contrário, no íntimo, continuará suspeitando de que ela ama o dinheiro, não você.

Mas não há nada errado nisso: o dinheiro é seu, assim como seu nariz é seu, seus olhos são seus e seu cabelo é seu. E essa pessoa ama você em sua totalidade. O dinheiro faz parte de você. Não o separe de si, assim não haverá problema algum.

Tente levar uma vida com a menor complexidade e o menor número de problemas possível – e isso está em suas mãos.

Conhecer o mundo inteiro não é nada comparado a conhecer o mistério da própria vida interior.

A ideia de comparação é absolutamente falsa. Cada indivíduo é único porque não há mais ninguém igual a ele. A comparação seria correta se todos os indivíduos fossem iguais. Nem mesmo gêmeos são absolutamente idênticos. É impossível encontrar outro ser humano que seja exatamente como você. Ou seja, estamos comparando pessoas únicas, o que cria problemas.

Uma das coisas mais difíceis – entretanto, uma das mais fundamentais – é não dividir a vida entre o que é belo e o que é tolo, não separar isso de modo algum. Tudo faz parte de um todo.

Necessita-se apenas de um pouco de senso de humor. E, na minha opinião, o senso de humor é essencial para uma pessoa ser completa.

O que há de errado com pequenas coisas tolas? Por que não se pode rir e se divertir? O tempo todo julgando o que é certo e o que é errado. O tempo todo na posição de juiz – e isso faz você ficar sério.

Veja, as flores são lindas, mas e os espinhos? Eles fazem parte da existência das flores. Flores não existiriam sem espinhos, que as protegem. Eles têm uma função, um propósito, um sentido.

Mas você os separa, e desse modo as flores tornam-se lindas, e os espinhos, feios. Numa árvore, a seiva que entra na flor é a mesma que entra no espinho. Na existência da árvore não há divisão nem julgamento. A flor não é favorecida, o espinho não é simplesmente tolerado; ambos são aceitos na íntegra. E essa deveria ser nossa abordagem em nossa própria vida.

Existem coisas, pequenas coisas, que, ao julgarmos, parecem tolas, idiotas. Mas isso é por causa de seu julgamento; caso contrário, elas também teriam um papel essencial.

Toda a função da mente está no sentido de dividir. A função do coração é perceber o elo naquilo em que ela está completamente cega.

A mente não pode entender o que está além das palavras; ela pode entender apenas o que é linguístico, logicamente correto. Não está relacionada à existência, à vida, à realidade. A mente em si é uma ficção.

Você pode viver sem a mente.

Você não pode viver sem o coração.

E, quanto mais profundamente vive, mais seu coração está envolvido.

A vida flui, é um rio, um fluxo constante. As pessoas se veem como estáticas. Mas apenas as coisas são estáticas, apenas a morte é imutável; a vida está constantemente em movimento. Cada vez mais vida e mais mudanças. Vida abundante e enormes mudanças a cada instante.

Ninguém é superior, ninguém é inferior e ninguém é igual. Todo mundo é único. A igualdade é psicologicamente errada. Ninguém pode ser Albert Einstein e ninguém pode ser Rabindranath Tagore. Mas isso não significa que Tagore seja superior porque você não pode ser ele. Rabindranath também não pode ser você.

O que quero ressaltar é que cada pessoa é uma manifestação única. Portanto, devemos destruir toda ideia de superioridade e inferioridade, igualdade e desigualdade, e substituir por um novo conceito de singularidade.

E todo indivíduo é singular.

Basta olhar com amor, então verá que todo indivíduo tem algo que ninguém mais tem.

Apenas faça o que for agradável – agradável para você e para o entorno. Apenas faça aquilo que lhe proporcione uma música e crie um ritmo de celebração ao redor.

A essa vida eu chamo de religiosa.

Não tem princípios, não tem disciplinas, não tem leis. Ela tem apenas uma única e singular abordagem – viver de maneira inteligente.

A obediência tem uma simplicidade; a desobediência precisa de uma inteligência um pouco mais elevada. Qualquer idiota pode ser obediente. Na realidade, apenas idiotas podem ser obedientes.

A pessoa inteligente é impelida a perguntar: "Por quê? Por que eu deveria fazer isso? A menos que conheça as razões e as consequências de tal questão, não vou me envolver". Desse modo, ela se torna responsável.

É absolutamente impossível para um santo ser patife, mas um patife pode ser santo.

O ser humano ainda não conhece as belezas da solidão. Ele está sempre desejando algum relacionamento, estar com alguém, com um amigo, com um pai, com uma esposa, com um marido, com um filho... com alguém.

Ele criou sociedades, criou clubes – o Lion's Club, o Rotary Club –, criou partidos políticos, ideologias, religiões, igrejas etc. Mas a necessidade básica de tudo isso é, de alguma maneira, esquecer que se está sozinho. Associado a tantos grupos, você tenta esquecer algo que na obscuridade de repente é lembrado, que você nasceu sozinho, que você morrerá sozinho e que, independentemente do que faça, você vive sozinho.

Solidão é algo essencial ao ser, não há como evitá-la.

Todo esforço direcionado para evitar a solidão fracassou e fracassará, porque é contra os fundamentos da vida. O necessário não é algo que o faça esquecer sua solidão; é necessário, sim, que você se conscientize dela, pois a solidão é uma realidade.

E é tão bonito experimentá-la, senti-la, porque é sua liberdade das multidões, do outro. É nossa liberdade do medo de ser solitário. Até mesmo a palavra "solitário" faz você imediatamente se lembrar de um corte: é necessário algo para preenchê-lo. É um espaço vazio que dói. Algo a ser preenchido.

A palavra "solidão" não tem o mesmo sentido de corte, de lacuna a ser preenchida. Solidão significa simplesmente plenitude. Você é inteiro; não há necessidade de ninguém para completá-lo.

Portanto, tente descobrir seu mais profundo íntimo, onde está sempre sozinho, onde sempre esteve sozinho. Na vida, na morte, onde quer que esteja, você estará sozinho. Mas, de fato, ali é tão cheio que não há vazio – é tão repleto, tão completo e transborda com todos os fluidos da vida, com todas as belezas e as bênçãos da existência que, depois de experimentar essa solidão, a dor no coração desaparece. Em vez disso, um novo ritmo de imensa doçura, paz, alegria e bem-aventurança estará lá.

Isso não significa que alguém centrado em sua solidão, completo em si mesmo, não possa fazer amigos. Na realidade, a pessoa pode fazer amigos porque não é mais questão de necessidade, apenas de compartilhar. Ela possui tanto que pode compartilhar.

Fazemos parte da mesma existência. Independentemente de quem você faz sofrer, saiba que, a longo prazo, está machucando a si mesmo. Hoje você pode não ver isso, mas um dia perceberá, quando se tornar mais consciente, e então dirá: "Meu Deus! Eu causei esse sofrimento a mim mesmo". Você feriu alguém pensando que somos todos indivíduos separados.

Ninguém é separado. Toda existência é uma unidade cósmica. Dessa compreensão surge a não violência.

Ao sentir raiva, está punindo a si mesmo. Está se incendiando, está destruindo seu coração e suas qualidades mais puras e está repleto de ódio.

O ser humano está pleno se estiver sintonizado com o Universo. Se não se encontra em sintonia com o Universo, então está vazio, totalmente vazio; e a partir desse vazio surge a ganância.

A ganância de preenchê-lo com dinheiro, com casas, com bens, com amigos, com amantes, com qualquer coisa, porque você não suporta esse vazio. Isso é horrível. É uma vida fantasma. Se você está vazio, não há nada dentro de você, torna-se impossível viver.

Para sentir que tem muito dentro de si, existem apenas duas maneiras. Uma é entrar em sintonia com o Universo... Então você estará preenchido com o todo, com todas as flores e todas as estrelas. Ou seja, um preenchimento real.

Se não fizer isso – e milhões de pessoas não o fazem –, então existe outra maneira, que é preencher-se com qualquer besteira.

A ganância significa simplesmente que você está sentindo um profundo vazio e deseja preenchê-lo com qualquer coisa possível, não importa o quê.

Assim que compreender isso, nada mais resta a ser feito em relação à ganância. Você se ocupará da comunhão com o todo, de modo que o vazio interior desapareça.

Todo o passado humano tem enaltecido a pobreza, igualando-a à espiritualidade, o que é um completo absurdo.

A espiritualidade é a maior riqueza que alguém pode ter. Ela contém todas as outras riquezas. Não se posiciona contra qualquer outra riqueza, ela é simplesmente contra todos os tipos de pobreza.

Assim, por um lado as pessoas respeitarão a pobreza e por outro dirão: "Atendam aos pobres". Estranho! Se a pobreza é algo tão espiritual, então a coisa mais espiritual seria tornar pobre todo rico. Ajudar o rico a se tornar pobre para que ele possa se espiritualizar. Por que ajudar os pobres? Você quer destruir a espiritualidade deles?

Viver na abundância é a única coisa espiritual do mundo.

Dinheiro é um tema complicado, pela simples razão de não termos sido capazes de elaborar um sistema sadio em que ele sirva a toda a humanidade, sem ser um mestre para algumas pessoas gananciosas.

O dinheiro é um assunto difícil, porque a psicologia humana é repleta de ganância. Caso contrário, ele seria um meio simples de trocar coisas, um meio perfeito, com o qual não haveria nada de errado. Mas, da maneira como temos lidado com ele, isso tudo parece errado.

Se não possui dinheiro, você se vê condenado, toda a sua vida é uma maldição. E durante toda a vida você tenta obter dinheiro de qualquer maneira.

Se tem dinheiro, isso não muda o ponto básico, que é seu desejo por mais, e esse processo não tem fim. E, quando finalmente você possui muito dinheiro (embora não o bastante), nunca é suficiente (embora seja mais que a quantia que qualquer outra pessoa possui), então você começa a se sentir culpado, porque os meios que utilizou para acumular foram feios, desumanos, cruéis. Você explorou pessoas, sugou seu sangue, foi um parasita. Então, agora, tem o dinheiro, mas ele o faz se lembrar de todos os crimes que cometeu para obtê-lo.

Isso cria dois tipos de pessoas: aquela que começa a doar para instituições de caridade a fim de se livrar da culpa; e a que se sente tão culpada que enlouquece ou comete suicídio. A própria existência se torna uma angústia. Cada respiração parece pesar. E o estranho é que a pessoa trabalhou a vida inteira para alcançar todo esse dinheiro – e isso porque a sociedade provoca o desejo, a ambição de ser rico, de ser poderoso.

E dinheiro traz poder, pode comprar tudo, exceto poucas coisas não vendáveis. Mas ninguém se importa com essas coisas.

A meditação não pode ser comprada, o amor não pode ser comprado, a amizade não pode ser comprada, a gratidão não pode ser comprada, mas ninguém liga para isso.

Basta olhar para a existência e sua abundância. Qual é a necessidade de tantas flores no mundo? Rosas já teriam sido suficientes. Mas a existência é abundante em milhões e milhões de flores, milhões de pássaros, milhões de animais... Tudo em abundância.

A natureza não é ascética, está dançando em todos os lugares, no oceano, nas árvores. Está cantando em todos os lugares, no vento que passa entre os pinheiros, nos pássaros...

Qual é a necessidade de milhões de sistemas solares e de cada sistema solar possuir milhões de estrelas? Parece não haver necessidade, exceto por ser abundante a própria natureza da existência; a riqueza ser a própria essência. Essa existência não admite pobreza.

Não vejo a ganância como desejo, mas como algum tipo de doença existencial. Você não está em sintonia com o todo; e somente essa sintonia com o todo pode torná-lo um santo.

Para mim, a ganância não é de fato um desejo; portanto, não é preciso fazer nada em relação a ela. É preciso, sim, compreender o vazio que se está tentando preencher e fazer a pergunta: "Por que estou vazio? Toda a existência é tão plena, por que estou vazio? Talvez eu tenha perdido o rumo. Não esteja mais me movendo numa única direção. Não sinto mais a vida, e essa é a causa de meu vazio".

Portanto, sinta a vida, deixe-se levar e aproxime-se dela em silêncio e paz, em meditação. E um dia verá como se torna pleno, preenchido, transbordando de alegria, bem-aventurança e bênçãos. E possuirá tanto dessa dádiva que poderá doar ao mundo inteiro sem ficar exausto.

Nesse dia, pela primeira vez, você não sentirá qualquer ganância em relação a dinheiro, comida, objetos ou qualquer outra coisa. Não viverá mais com uma ambição que não possa ser preenchida, uma ferida que não possa ser curada; viverá naturalmente, e o que for necessário você encontrará.

Todo mundo se sente inferior, de uma maneira ou de outra. E o motivo é que não aceitamos o fato de cada um de nós ser único. Não há questão de inferioridade ou superioridade. Colocando-se como apenas um indivíduo da espécie, essa comparação não surge.

Não permitimos que as pessoas se aceitem como são. No momento em que se aceitam como são, sem comparação, toda a inferioridade e toda a superioridade desaparecem. Na total aceitação de si, você estará livre desses complexos. Caso contrário, sofrerá a vida inteira.

E não consigo aceitar isso de uma pessoa que pode ter tudo neste mundo. As pessoas tentam, mas falham completamente.

Simplesmente seja você mesmo, e isso é suficiente.

Você é aceito pelo Sol, é aceito pela Lua, é aceito pelas árvores, é aceito pelo oceano, é aceito pela terra. O que mais pode querer?

Você é aceito pelo Universo inteiro.

Regozije-se!

Todos temos a necessidade de ser reconhecidos e aprovados. A estrutura da vida é tal que somos ensinados que, a menos que nos valorizem, não somos ninguém, somos inúteis. Nosso trabalho não é importante; o reconhecimento, sim, é. E isso está virando as coisas de cabeça para baixo.

Nosso trabalho deveria ser uma imensa alegria. Você deveria trabalhar não para ser reconhecido, mas porque sente alegria ao ser criativo. Amar o trabalho por si só. Trabalhar por amor ao trabalho.

Não busque reconhecimento. Se ele vier, receba-o com naturalidade. Se não vier, não se preocupe com isso. Sua realização deve estar no próprio trabalho.

Se todo mundo aprendesse a simples arte de amar seu trabalho, seja ele qual for, alegrando-se com ele sem buscar qualquer reconhecimento, teríamos um mundo mais bonito e iluminado; caso contrário, seríamos aprisionados num padrão de infelicidade. O que você está fazendo não seria bom porque você ama seu trabalho, porque o faz perfeitamente, mas porque o mundo o admira, o recompensa por isso e concede medalhas de ouro, prêmios Nobel.

Eles tiraram todo o valor intrínseco da criatividade e destruíram milhões de pessoas porque você não pode dar prêmios Nobel a milhões de pessoas. E acabou-se criando o desejo de reconhecimento em todos, de modo que ninguém trabalha em paz e silenciosamente, realizando-se no que está fazendo. A vida é composta de pequenas coisas. E para essas pequenas coisas não há recompensas nem títulos dados pelos governos, tampouco títulos honorários concedidos pelas universidades.

Qualquer pessoa com um mínimo de senso de individualidade vive pelo próprio amor, pelo próprio trabalho, sem se importar com o que os outros pensam disso.

A alegria não está em completar algo; a alegria está naquilo que você desejou, que desejou com total intensidade, naquilo que, enquanto você realizou, o fez esquecer tudo, o mundo inteiro; naquilo que era o foco de todo o seu ser.

E ali, sim, existem sua realização e sua recompensa – não na conclusão nem na permanência do que quer que seja.

Nesse fluxo dinâmico da existência, temos que encontrar em cada momento a própria recompensa. No que quer que façamos, que seja nosso melhor, sem sermos indiferentes. Não devemos nos reprimir em nada, mas colocar nosso ser na ação.

É aí que se encontra a felicidade.

É fato que todos somos únicos e todos temos certa singularidade. Nós apenas devemos abandonar as ideias de como as pessoas deveriam ser e substituir isso por uma filosofia de que, independentemente de como forem, elas são lindas. Essa dúvida sobre o que "deveria ser" não existe, porque quem somos nós para impor como alguém "deveria ser"? Se nossa existência é para aceitar como se é, então quem é esse que eu devo ser?

Trata-se apenas de uma mudança de atitude, o que é muito simples, uma vez que se incorpora em sua visão de que todo mundo é único, de que todo mundo é aquilo que é e deve ser como é. Não há necessidade de ser outra pessoa para ser aceito; por ser quem é, já se é aceito. É isso que chamo de "respeito à individualidade", respeito às pessoas tal como elas são.

A humanidade inteira pode ser muito amorosa e feliz se aceitarmos as pessoas como elas são.

Um comunismo que surge do amor, da inteligência e da generosidade será real. Um comunismo que parte da força será irreal.

E não existe um único ser humano no mundo, não importa quão pobre seja, que não tenha nada com que contribuir.

Por que não criar uma vida em que o dinheiro não implique hierarquia, mas simplesmente dê cada vez mais oportunidade para todos?

Pessoas autoritárias são aquelas que sofrem de algum complexo de inferioridade.

Para esconder sua inferioridade, eles impõem sua superioridade. Querem provar que são alguém, que sua palavra é verdade, que sua palavra é lei. Mas, no fundo, são seres humanos muito pequenos.

Certamente não há hierarquia na natureza. A hierarquia é um jogo mental humano, porque, sem ela, o ego não se sente nutrido; ele morre.

Na natureza, tudo tem oportunidade, espaço, e não há chefe. Ninguém é mestre e ninguém é servo. A natureza funciona quase como uma unidade orgânica, na qual a individualidade não é perdida, mas o ego não tem chance de evoluir; portanto, as árvores não têm ego, os pássaros não têm ego. Animais de nenhum tipo possuem ego.

O problema é com o ser humano.

É privilégio do ser humano, e somente dele, estar sozinho, e colocar-se contra o mundo inteiro se sentir que está com a verdade.

Se você sente que esse é o caminho que o leva à liberdade, então aceite qualquer tipo de responsabilidade. Desse modo, essas responsabilidades não lhe serão um fardo. Todos elas vão torná-lo mais amadurecido, centrado, fundamentado, um indivíduo mais bonito.

Você tem apenas um momento em mãos, o momento real. E não o terá novamente. Ou você vive esse momento, ou deixa de vivê-lo.

Toda criança percebe que vê o mundo de maneira diferente daquela dos adultos. No que diz respeito à visão, isso é absolutamente correto.

Seus valores são diferentes. Ela pode pegar conchas na praia e ouvir: "Jogue isso fora. Por que está desperdiçando seu tempo com isso?". Mas, para ela, as conchas eram tão lindas...

Ela pode perceber a diferença, pode ver que seus valores são outros. Os adultos estão correndo atrás de dinheiro, e ela quer colecionar borboletas. Ela não entende por que eles estão tão interessados em dinheiro: "O que vocês vão fazer com isso?". E os mais velhos não enxergam o que ela vai fazer com borboletas ou flores.

Toda criança entende que existem diferenças. O único problema é que elas têm medo de afirmar que estão certas.

No que diz respeito a elas, devem ser deixadas em paz. É apenas questão de um pouco de coragem – algo que também não falta aos mais novos, mas que, devido ao fato de a sociedade ser administrada como é, até uma bela qualidade como a coragem será condenada.

Se os adultos realmente amam suas crianças, eles as ajudarão a ser corajosas e, até mesmo, corajosas contra eles. Eles as ajudarão a ser corajosas contra professores, contra a sociedade, contra qualquer pessoa que possa destruir sua individualidade.

Lembre-se de nunca fazer acordos com concessões. Isso é absolutamente contra minha visão. Você observa pessoas que são infelizes porque cederam em vários aspectos e não podem se perdoar por isso. Elas sabem que poderiam ter se desafiado, mas se mostraram covardes. Aos próprios olhos, falharam, perderam o respeito próprio. É isso que a concessão faz.

Por que alguém deveria ceder? O que temos a perder? Na curta vida, viva o mais plenamente possível. Não tenha medo de ir ao extremo. Você não ultrapassará sua totalidade, que é a última linha. E não faça pactos, embora sua mente fale em comprometimento, porque é assim que fomos criados, condicionados.

"Concessão" é uma das palavras mais terríveis. Significa "eu dou metade e você dá a outra parte; eu me contento com metade e você se conforma com a outra metade". Mas por quê? Quando se pode ter o todo, quando se pode comer o bolo e também tê-lo, por que firmar acordos assim?

Um pouco de coragem, um pouco de ousadia – e isso apenas no começo. Depois de experimentar a beleza de não fazer concessões e a dignidade, a integridade e a individualidade que isso traz, pela primeira vez, você sente que tem raízes, que vive a partir do próprio centro.

A pessoa infeliz é facilmente dominada. A pessoa alegre, feliz, não pode ser dominada.

Sexo é o começo da vida, e a morte é o fim dela; ou seja, são duas extremidades, dois polos de uma única energia. E não podem estar desconectados.

Talvez o sexo seja a morte em parcelas.

E a morte, o sexo por atacado.

Mas há, certamente, uma mesma energia funcionando nas duas situações.

Por que não criar uma vida em que o sexo não provoque experiências amargas, ciúmes, perdas; em que o sexo se torne apenas algo divertido, nada mais que qualquer outro jogo, só que um jogo biológico?

Você joga tênis, mas isso não significa que a vida inteira precise jogar tênis com o mesmo parceiro.

A vida deveria ser mais rica. É necessário apenas um pouco de compreensão, e o amor não será um problema, o sexo não será um tabu.

A mente é simplesmente uma coleção de lembranças do passado e, a partir dessas memórias, de fantasias sobre o futuro.

Aproveite todas as oportunidades para elevar sua inteligência, sua consciência. Geralmente, o que estamos fazendo é aproveitá-las para criar um inferno para nós mesmos. Você sofre e, por causa desse sofrimento, faz os outros sofrerem.

E, quando tantas pessoas estão vivendo juntas, se todas criam sofrimento às outras, isso continua se multiplicando. É assim que o mundo inteiro se torna um inferno.

Isso pode ser mudado instantaneamente, mas algo fundamental precisa ser entendido: sem inteligência, não há paraíso.

Para mim, a função dos pais não é ajudar os filhos a crescer; eles crescerão sem vocês.

Sua função é apoiar, alimentar, ajudar algo que já se desenvolve por si. Não deem instruções nem ditem ideais. Não digam a eles o que é certo e o que é errado, deixem que descubram isso por sua própria experiência.

Toda a ideia de que as crianças são posses está errada. Elas nascem por você, mas não lhe pertencem. Você tem passado, elas somente têm futuro.

Elas não vão viver conforme você. Isso seria quase o mesmo que não viver. Elas têm que viver de acordo com elas mesmas, em liberdade, com responsabilidade, enfrentando perigos e desafios.

Depois de compreender que filhos não pertencem a você, que pertencem à vida e você é apenas parte disso, seja grato por ter sido escolhido como suporte para algumas crianças lindas. Mas você não deve interferir no crescimento ou no potencial delas. Não deve se impor a elas.

Elas não vão viver no mesmo tempo, não vão enfrentar os mesmos problemas. Elas farão parte de outro mundo. Não as prepare para este mundo, esta sociedade, estes tempos, pois com isso vai criar problemas. Elas se julgarão incapazes, desqualificadas.

A crueldade não é compreendida. Ela surge em nós por causa do medo da morte. Não queremos morrer, então, antes que alguém nos mate, preferimos matá-lo, porque o melhor método de defesa é o ataque. E não se sabe quem vai atacar você.

No reino animal, entre os seres humanos, há uma tremenda competição, e as pessoas simplesmente seguem atacando, não se importando com quem sofre o ataque ou mesmo se realmente seriam atacadas. Mas não há maneira de saber se seria melhor reagir ou não.

Ao atacar alguém, gradualmente seu coração se torna mais duro, até que você começa a gostar de atacar. O fenômeno também pode ser visto entre os animais, para os quais há a mesma competição por comida, por poder...

A crueldade nada mais é que um espírito competitivo de ter vantagem. Se isso significar o uso de violência, então ela será utilizada; o que importa é ter a vantagem. A crueldade está nos animais – inclusive no ser humano. Mas por que esse ímpeto de ser o primeiro?

A razão em nossa vida material é a morte.

A crueldade simplesmente desaparece, e é por esse fato que evidencio que ela só ocorre quando você sabe que a morte não existe. Quando experimenta algo imortal, toda crueldade desaparece. Então aquilo não importa; você não precisa correr, pode deixar o outro ir à frente porque o pobre coitado não compreendeu que o mundo é infinito, a vida é infinita.

Não há como perder alguma coisa; se isso não acontecer hoje, acontecerá amanhã. Porque, se houver compreensão, não há nada que se possa perder.

Em realidade, ao lutar e ser cruel e violento uns com os outros, pode-se perder muita coisa, porque o processo o tornará amargo, fará de seu coração uma pedra. E o coração, uma vez transformado em pedra, perde tudo o que é grandioso, tudo o que é belo, tudo o que é bem-aventurado.

É difícil explicar aos animais. Mas o verdadeiro problema é ser difícil explicar até mesmo aos seres humanos que, por meio da competição, de uma violenta ambição, em chegar a todos os lugares antes, cria-se um mundo insano, no qual ninguém desfruta de nada e todo mundo permanece pobre.

A única maneira de fazer as pessoas compreenderem é ajudá-las a sentir seu eu imortal, e imediatamente toda a crueldade desaparecerá. É a visão limitada da vida que gera o problema. Se você tem infinitudes nos dois extremos – no passado e no futuro –, não há necessidade de pressa nem mesmo de competição. A vida é tão grandiosa e tão abundante que você não tem como exauri-la.

Aqueles que desejam simplesmente refletir sobre a vida, sobre o viver, sobre o amor ao próximo, sobre o passado e o futuro, são perfeitos em seu olhar, porque dão a isso tudo uma dimensão infinita. Eles podem enfeitar seu passado, torná-lo tão bonito quanto queiram, embora nunca o tenham vivido de tal modo; quando era presente, de fato não estavam lá. Eram apenas sombras, reflexos. Eles corriam incessantemente e, enquanto corriam, viram algumas coisas que acham que viveram.

No passado, apenas a morte é a realidade, não a vida.

No futuro também apenas a morte é a realidade, não a vida.

Aqueles que, no passado, deixaram de viver, para substituir essa lacuna, automaticamente começam a sonhar com o futuro. O futuro deles é apenas uma projeção a partir do passado. Tudo o que perderam almejam no futuro; e entre essas duas não realidades está o ínfimo momento real, que é a vida.

Imagina-se o tempo consistindo de três momentos: passado, presente e futuro. Isso está errado. O tempo consiste apenas no passado e no futuro.

A vida é o presente.

Portanto, para aqueles que de fato desejam viver, não há outra maneira senão viver este momento.

Somente o presente é real.

O passado é simplesmente uma coleção de memórias, e o futuro nada mais é que sua imaginação, seus sonhos.

A realidade está aqui, no agora.

O presente nada tem a ver com o tempo. Se você está aqui, neste momento, não existe o tempo. Há imenso silêncio, quietude, ausência de movimento; nada se move, tudo para de repente.

O presente lhe oferece a oportunidade de mergulhar fundo nas águas da vida, voar alto no céu.

Mas em ambos os lados existem os perigosos "passado" e "futuro", que são as palavras mais nocivas da linguagem humana. Entre o passado e o futuro, viver no presente é quase andar na corda bamba; dos dois lados existe perigo.

Entretanto, uma vez que experimenta o sabor do presente, você não liga mais para os perigos. Uma vez sintonizado com a vida, nada mais importa.

E, para mim, a vida é tudo o que há.

Para quem quer viver para amar, para ser e não apenas pensar, filosofar sobre isso, não há outra alternativa. Portanto, beba os fluidos do momento presente. Esprema-o totalmente, porque ele não voltará. Uma vez que passou, se foi para sempre.

A vida se distribui ao longo de setenta, oitenta anos; a morte acontece num único instante. Ele é tão concentrado que, se você levou sua vida corretamente, será capaz de entrar no mistério da morte. E o mistério da morte é que ela é um simples invólucro: por dentro está sua imortalidade, sua vida eterna.

Não penso muito sobre o futuro porque ele nasce do presente. Se podemos cuidar do presente, teremos cuidado do futuro.

O futuro não virá do nada, ele vai se desenvolver a partir deste instante. O instante seguinte se desenvolverá a partir dele.

Se este momento for de beleza, de silêncio, de bem-aventurança, o próximo será de mais silêncio, de mais bem-aventurança.

Para mim, seriedade é uma doença; e o senso de humor nos torna mais humanos, mais humildes. Senso de humor, para mim, é uma das partes mais essenciais da religiosidade.

O ser humano não precisa transcender a natureza. Digo-vos que ele tem que cumprir na natureza algo que nenhum outro animal pode fazer. Essa é a diferença.

Você nasceu como um ser da natureza. Não pode ir além de si mesmo. É como ficar num galho, apoiado pelas pernas. Você consegue permanecer assim por um tempo, mas mais cedo ou mais tarde vai cair no chão e poderá machucar-se. Você não pode voar.

E é o que tem sido feito: as pessoas tentam se sobrepor à natureza, o que significa além de si mesmas. Mas elas não são separadas da natureza.

A pessoa tem a capacidade, a inteligência e a liberdade para descobrir, e, se você descobriu a natureza em sua totalidade, então retornou para casa.

A natureza é sua casa.

Uma das leis fundamentais da vida é que tudo o que é mais elevado é muito vulnerável. As raízes de uma árvore são muito fortes, mas as flores não. As flores são vulneráveis, uma simples brisa forte pode destruí-las.

O mesmo se aplica à consciência humana. O ódio é muito forte, mas o amor não. O amor é como uma flor, facilmente dilacerada por qualquer pedra ou destruída por qualquer animal.

Os valores mais altos da vida devem ser protegidos.

Os valores mais baixos têm certa proteção deles mesmos.

Uma pedra não precisa ser protegida, mas a rosa, no arbusto bem ao lado, deve ser preservada. A pedra está morta, não pode se tornar mais morta. Ela não precisa de proteção.

Por sua vez, a rosa, tão viva, tão bela, tão colorida, tão atraente, encontra nessas características o perigo. E é um perigo convidativo. Alguém pode arrancá-la. Provavelmente ninguém vai pegar a pedra, mas a flor, sim.

O amor deveria ser feito em seu ápice, e isso requer certa disciplina. Mas as pessoas têm utilizado a disciplina não para fazer amor. Eu ensino disciplina para fazer amor corretamente, de maneira que ele não seja apenas uma ação biológica, que nunca atinja o mundo psicológico.

O amor tem potencial de alcançar até mesmo o mundo espiritual e, em seu estado mais elevado, o atingirá.

O orgasmo não é necessário para a reprodução, mas para abrir uma janela para a evolução superior da consciência.

A experiência do orgasmo é sempre não sexual. Mesmo que você o alcance pelo sexo, ele em si não possui sexualidade.

Isso gera a percepção de que haja possibilidades de alcançá-lo por meios não sexuais, porque ele mesmo não é sexual. Assim, a sexualidade não é necessariamente o único caminho.

Quem quer que tenha experimentado isso uma vez deve ter concluído que há outras maneiras de atingir o orgasmo, porque o sexo não necessariamente faz parte dele. O sexo não imprime nele nenhuma cor nem qualquer impressão.

Portanto, ele precisa ser observado tal como ocorre, e então as coisas se evidenciam: no instante em que o orgasmo acontece, o tempo para, você esquece o tempo. Sua mente paralisa, você não pensa mais. Há uma imensa quietude, uma grande percepção.

Qualquer observador que passa por essa experiência naturalmente pensa: *Se essas coisas puderem ser dirigidas sem a consciência sexual, na ausência de pensamento, numa atemporalidade, se alcançará o estado orgásmico, desviando-se da sexualidade.* E é este meu entendimento: é assim que a gente deve descobrir a meditação.

A liberdade o torna absolutamente responsável por tudo o que você é e pelo que será.

Há pessoas que sentem ódio: são as que criam revoluções, mudanças na sociedade, no Estado. Mas todas as revoluções falharam, porque qualquer coisa que nasce a partir do ódio surge da ignorância, e não cria uma mudança autêntica.

É impossível mudar para melhor por meio do ódio. Quero que se lembre de uma coisa: a tristeza é apenas o ódio de cabeça para baixo. Não é diferente; é raiva reprimida. Se analisar, perceberá que isso é fato. A tristeza pode se transformar em raiva com muita facilidade; a raiva pode se transformar em tristeza da mesma maneira. Não são duas coisas separadas... Talvez sejam dois lados da mesma moeda.

O mundo está triste, está em desgraça. Há um grande sofrimento no coração das pessoas. Mas você não precisa ficar triste com isso, pela simples razão de que se juntaria a elas e criaria mais tristeza. Isso não ajuda.

É simplesmente como se as pessoas estivessem doentes, você visse a doença delas e ficasse doente também. Sua doença não vai torná-las saudáveis; vai criar mais doenças. Ter sentimento pela doença do outro significa procurar as causas, aquilo que gera todo o sofrimento e a desgraça, e ajudá-lo a remover essas causas.

Ao mesmo tempo, você deve permanecer o mais contente possível, porque sua alegria ajudará, e não sua tristeza. Você tem que se manter animado. As pessoas precisam saber que existe a possibilidade de estarem contentes neste mundo triste...

O ódio é sempre um sinal de fraqueza.

Os tempos de desastre fazem você ter consciência da realidade tal como ela é. É sempre frágil, todo mundo está em perigo constante. É que na vida cotidiana você dorme profundamente, de tal modo que não percebe isso. Você segue sonhando, imaginando coisas bonitas para os dias seguintes, para o futuro.

E, nos momentos em que o perigo é iminente, de repente, você se torna consciente de que pode não haver futuro, talvez nem um amanhã, e que este é o único momento que há.

As ocasiões de desastre são muito reveladoras. Elas não trazem nada de novo ao mundo; simplesmente o tornam consciente do mundo como ele é. Elas o acordam. Se você não compreende isso, pode ficar louco; se compreende, pode despertar.

Não há sentido em se preocupar, porque só estará perdendo o momento e não ajudará ninguém. Portanto, eis o segredo de como transcender o perigo: comece a viver de forma mais plena, mais íntegra, com mais vigilância, para descobrir dentro de si mesmo algo que é intocável pela morte.

Esse é o único abrigo, a única garantia, a única segurança.

Portanto, é apenas questão de como aproveitar as coisas. Seja o que for, use-a corretamente. O desastre é grandioso, o perigo é grandioso, mas grandiosa também é a oportunidade.

Nenhuma ilusão resiste à realidade. A realidade vai destruí-la mais cedo ou mais tarde.

A função de um pai ou uma mãe é imensa, porque eles colocam um novo hóspede no mundo, um que não conhece nada, mas que carrega determinado potencial. A menos que seu potencial cresça, ele permanecerá infeliz; e nenhum pai e nenhuma mãe quer imaginar o filho infeliz.

Eles querem que o filho seja feliz, mas a maneira de pensar deles está errada. Pensam que se os filhos se tornarem médicos, professores, engenheiros, cientistas, então eles serão felizes. Eles não compreendem.

As crianças só podem ser felizes ao se tornarem aquilo a que se destinam ser. Eles só podem se tornar a semente daquilo que carregam dentro de si.

O julgamento é horrível, machuca as pessoas. Por um lado, você permanece as machucando, ferindo; por outro, quer seu amor, o respeito delas. Isso é impossível.

Ame-as, respeite-as, e talvez seu amor e seu respeito as ajudem a mudar muitas de suas fraquezas, muitas de suas falhas, porque o amor lhes dará nova energia, um novo sentido, uma nova força.

O amor lhes dará novas raízes para resistir aos fortes ventos, ao sol quente, às pesadas chuvas.

Sempre que existe escolha, não se pode escolher a mente em vez do coração. O coração é seu relacionamento com a vida, e a mente é sua relação com a sociedade.

Se estiver triste, você está errado; se estiver contente, está certo.

Quando digo "seja alegre, seja feliz, regozije-se com o fato de não estar infeliz e sofrendo", há um propósito por trás disso.

O objetivo é que você se torne um exemplo para quem esqueceu que a vida também pode ser um contentamento. Apesar de toda a escuridão, ainda há como se libertar do peso da escuridão, ainda é possível dançar. A escuridão não pode impedir sua dança, não tem força para neutralizá-la.

Para mim, esse é um verdadeiro serviço.

A mente deve ser treinada para servir ao coração. A lógica deve servir ao amor.

E então a vida poderá se tornar um festival de luzes.

O ditado "O que está em cima é como o que está embaixo" contém uma das verdades mais fundamentais sobre o misticismo. Significa que não existem altos nem baixos, que a vida é uma só.

As divisões são criadas pela mente.

A vida é indivisível.

As divisões são nossas projeções, e nos identificamos tanto com essas divisões que perdemos o contato com o todo.

Nossa mente é apenas uma pequena janela que se abre em direção ao vasto Universo, mas, quando se olha sempre da janela, a moldura da janela enquadra o céu lá fora. Embora não exista moldura no céu, a moldura da janela se torna a forma como a vida é observada.

É algo parecido com o que acontece com as pessoas que usam óculos – elas, de vez em quando, procuram óculos que estão sobre seu nariz. Elas até mesmo esquecem que não podem ver sem os óculos; portanto, se estão vendo e observando, têm absoluta certeza de que os óculos estão no lugar.

Assim, se você usa óculos há anos, lentamente eles se tornaram parte de você, eles se tornaram seus olhos. Você não os considera separados de si. Entretanto, cada par de óculos pode dar uma cor própria às coisas vistas. Você é o observador que enxerga por trás dos óculos, que não pode ver por si mesmo. As coisas lá fora não têm a cor que o vidro lhes impõe, mas você tornou-se tão identificado com os óculos...

A mente humana também é apenas um instrumento. Mas óculos estão fora da cabeça, a mente está dentro dela, de modo que você não pode tirá-la todos os dias. E você está unido a ela tão intimamente que a própria proximidade se torna uma identificação.

Então, tudo o que a mente vê é imaginado como realidade. E a mente não pode ver a realidade; ela vê apenas os próprios preconceitos. Vê somente as próprias projeções exibidas na tela do mundo.

Contra a verdade, o maior inimigo do mundo é o indivíduo que acumulou conhecimento, e o maior amigo é o indivíduo que sabe que não o possui.

Foi-nos dito, ensinado, programado que mesmo algo como o amor deve ser do âmbito da razão.

O amor é basicamente do coração, mas a sociedade tentou se desviar do coração, porque ele não é lógico, não é racional, e nossa mente foi educada para que qualquer coisa ilógica seja tida como errada; qualquer coisa irracional está equivocada, apenas a coisa lógica está certa.

Em nossa programação educacional não há lugar para o coração, apenas para a mente. O coração quase foi removido da vida, silenciado. Nunca se deu chance para ele se expandir, tornar real o seu potencial. Logo, a mente está dominando.

A mente é boa quando se trata de dinheiro, é boa quando se trata de guerras, é boa quando se trata de ambições, mas é absolutamente inútil quando se trata de amor. Dinheiro, guerra, desejo, ambições... Não se pode colocar o amor em categorias desse tipo.

O amor tem uma origem distinta, na qual não existe contradição.

Uma autêntica educação não apenas educa a mente, que pode lhe proporcionar um bom meio para sobreviver, ainda que não uma vida plena. O coração pode não lhe oferecer um bom meio para subsistência, mas lhe propicia uma vida de contentamento. E não há razão para escolher entre os dois: use a mente para aquilo que ela foi feita e use o coração para o que ele foi feito.

Religiões, políticos, empresários, militares, todos querem que a mente seja treinada. E o coração pode ser um problema, um transtorno.

Se você é um soldado e tem coração, não pode matar o inimigo. No momento em que pega a arma para matar alguém, seu coração diz: "Assim como você tem esposa, filhos, mãe e pai o esperando, a esposa deste pobre homem, os filhos e os pais também devem estar aguardando-o voltar para casa".

Ele não fez nada com você e você vai matá-lo. Para quê? Ganhar uma medalha da academia militar? Obter promoção?

Se você idealiza uma sociedade, um paraíso, isso parece impossível, existem tantos conflitos e parece não haver um modo de harmonizá-los.

Uma sociedade humana equilibrada é possível, deve ser possível, porque será a melhor oportunidade para todos crescerem, a melhor oportunidade para cada um ser quem realmente é. As possibilidades mais enriquecedoras estarão disponíveis a todos.

Mas parece que, da forma como está, a sociedade é absolutamente estúpida.

Os utópicos não são sonhadores; por sua vez, os denominados "realistas", que condenam os utópicos, são estúpidos. Entretanto, ambos concordam que algo precisa ser feito.

Todos estão preocupados com a sociedade – e é aí que reside o fracasso deles.

A meu ver, a utopia não é algo que não vai acontecer; é algo possível, mas nós deveríamos nos direcionar às causas, não aos sintomas.

E as causas estão nos indivíduos, não na sociedade.

O ser humano se esqueceu de quem ele realmente é. Ele quase se auto-hipnotizou com determinada ideia sobre si mesmo e carrega essa ideia a vida toda, sem saber que não é ele, mas apenas sua sombra. E você não pode encontrar essa verdade em sua sombra.

Não há necessidade de qualquer guerra, qualquer tipo de conflito, ciúme ou ódio. A vida é tão curta, e o amor, tão precioso. Quando você pode preencher sua vida com amor, com harmonia, com alegria, quando pode fazer da vida uma poesia em si mesma, se errar, apenas você será responsável por isso, ninguém mais.

É somente questão de compreensão; é necessário um simples *insight* para não ser arrastado pelas forças das trevas, da negatividade, da tendência destrutiva.

É necessário apenas um pouco de atenção para se dedicar à criatividade, ao amor, à sensibilidade, e fazer da vida uma série de canções – de modo que você dance e sua morte seja o evoluir desses passos; para que você viva plenamente e morra plenamente, sem nenhuma queixa, com gratidão, com agradecimento à vida.

Todo mundo quer ser amado. Esse é um princípio errado. E começa assim porque a criança, o bebê, não pode amar, não pode dizer nada, não pode fazer nada, não pode dar coisa alguma, apenas receber.

A experiência de amor de uma criança pequena é a de conseguir algo da mãe, do pai, dos irmãos, das irmãs, dos convidados, dos estranhos, sempre. Portanto, a primeira experiência, em seu inconsciente, estabelece que o pequeno ser humano precisa de amor.

O problema surge porque todos um dia foram crianças e todos têm o mesmo desejo de amar; ninguém nasce de outra maneira. Então, todos pedem "me dê amor", e não há ninguém para dar, porque a outra pessoa foi criada da mesma maneira.

Portanto, é preciso estar alerta e consciente para que um simples evento no nascimento não permaneça como estado determinante da mente. Em vez de demandar "me dê amor", comece a dar amor. Esqueça-se de receber, simplesmente dê; e eu lhe garanto que receberá muito.

A evolução funciona em polaridades. Da mesma forma que para ter equilíbrio você precisa das duas pernas, a existência precisa de pares de opostos, homem e mulher, vida e morte, amor e ódio, para criar sua dinâmica; caso contrário, ficará sem movimento.

Por um lado, o oposto atrai; por outro, ele o faz sentir-se dependente. E ninguém quer ser dependente. Portanto, há uma luta constante entre aqueles que se amam. Eles tentam dominar um ao outro.

O nome é amor, mas o jogo é política.

O próprio esforço do homem é dominar a mulher, reduzi-la a um *status* inferior, não permitir que ela cresça e para que permaneça sempre desinformada.

A liberdade da mulher da dominação masculina também será uma liberdade que o homem experimentará.

Então afirmo que o movimento de libertação das mulheres não significa apenas a libertação das mulheres; é também o movimento de libertação do homem; ambos serão libertados.

A dominação aprisiona os dois, e existe uma luta contínua. A mulher encontrou estratégias para assediar o marido, incomodá-lo, colocá-lo para baixo; e o homem tem a própria estratégia. Entre esses dois campos de batalha, esperamos que o amor ocorra. Séculos se passaram – o amor não aconteceu, ou apenas de vez em quando.

Essa é a situação do amor comum, que é apenas amor em nome, não na realidade.

Se perguntar minha visão do amor... Não é mais questão de dialética, oposição. Homem e mulher são diferentes e complementares. O homem sozinho é metade, assim como a mulher. Somente juntos, em um profundo sentimento de unidade, eles podem sentir pela primeira vez a totalidade, a perfeição.

Por milhares de anos, o que o homem fez à mulher foi simplesmente monstruoso. Ela não pode se considerar igual ao homem. E ela foi condicionada tão profundamente que, mesmo que se diga que ela é igual, ela não vai acreditar. Tornou-se quase sua mentalidade, o condicionamento se incorporou em sua mente, ela como inferior em qualquer coisa, força física, qualidades intelectuais etc.

E o homem que a reduziu a tal estado também não pode amá-la. O amor só pode existir na igualdade, na afeição.

Se puder amar sem ter ciúme, se puder amar sem o apego, se puder amar um homem a ponto de a felicidade dele ser a sua também, mesmo que ele esteja com outra mulher e seja feliz, isso fará você feliz, porque o ama tanto que a felicidade dele é a sua felicidade. Você ficará feliz porque ele está feliz e será grata à mulher que fez feliz a pessoa que você ama e não sentirá ciúme. Nesse ponto, o amor atingiu sua pureza.

Esse amor não pode criar nenhum tipo de escravidão. E esse amor é simplesmente a abertura do coração a todas as forças, ao céu inteiro.

O ciúme é bastante complicado. Há muitos ingredientes nele. A covardia é um; atitudes egoístas também; o desejo de monopolizar – não no sentido de experiência de amor, mas de possessividade; tendência a ser competitivo; medo de sentir-se inferior.

São muitas as questões envolvidas no ciúme.

Os riscos deveriam ser um dos fundamentos básicos de um verdadeiro indivíduo. No momento em que você percebe que as coisas estão se assentando, desestabilize-as.

Você é uma multidão, uma multiplicidade, e tem apenas que olhar mais de perto, mais profundamente, então encontrará muitas pessoas dentro de si. E todas elas às vezes fingem ser você. Quando sente raiva, determinada personalidade o possui e finge que é você. Quando está amando, outra personalidade o possui e simula ser você.

Isso não é apenas confuso para a própria pessoa, é confuso para todos os que entram em contato com ela, porque não conseguem compreender isso. Eles próprios também são uma multidão.

Em cada relacionamento, não são duas pessoas se casando, mas duas multidões se unindo. Haverá continuamente uma grande batalha, porque raramente, e por acaso, acontecerá de a pessoa amorosa que há em você estar à frente e a pessoa amorosa do outro também estar. Caso contrário, o erro se perpetua. Quando você está amando, o outro está triste ou com raiva ou preocupado; e, quando ele está num estado de amor, você não está. Não há como trazer à tona essas personalidades; elas se movem por vontade própria.

Há certa rotação dentro de você; siga observando e não interfira nessas personalidades, porque isso criará mais confusão, mais bagunça. Apenas observe, porque, ao ver todas essas personalidades, você se torna consciente de que também existe um observador, que não é uma personalidade, diante do qual essas personalidades vêm e vão.

E não é outra personalidade, porque uma personalidade não pode assistir a outra personalidade. Isso é algo muito interessante e fundamental: uma personalidade não pode assistir a outra, porque essas personalidades não têm alma.

É como roupa. Você pode continuar trocando de roupa, mas as peças não sabem que foram trocadas e que outra está sendo usada. Você não é a roupa, então pode trocá-la. Você não é uma personalidade e é por isso que pode tomar consciência das inúmeras personalidades.

Então, isso também deixa bem claro que há alguma coisa que continua assistindo a todo esse jogo de personalidades.

E esse algo é você.

Portanto, observe essas personalidades e lembre-se de que sua vigilância é sua realidade. Se permanecer atento a isso, essas personalidades começarão a desaparecer; elas não têm como viver. Elas precisam de identificação para permanecerem vivas. Para sentir raiva, é necessário que se tenha esquecido de se observar e se identificar com ela, pois a raiva não tem vida; ela já está morta, morrendo, desaparecendo.

Portanto, mantenha-se vigilante, e todas essas personalidades desaparecerão. Quando não restar mais personalidade, então sua realidade, seu mestre retornou para casa.

E aí você se comporta com sinceridade, de maneira autêntica. Portanto, o que você faz, faz integralmente e nunca gera arrependimento. Você está sempre de bom humor.

Muitos de nossos problemas, talvez a maioria deles, decorrem de nunca os olharmos face a face, nunca nos deparamos com eles; e não olhar para eles lhes dá energia. Ter medo deles é dar-lhes energia, tentar evitá-los significa lhes dar energia – porque você está aceitando esses problemas. Sua aceitação é a existência deles. Fora dessa aceitação, eles não existem.

Você tem a fonte da energia. O que quer que aconteça demanda sua energia. Ao cortar a fonte dessa energia – em outras palavras, isso é o que chamo de "identificação" –, se você não se identificar com algo, essa coisa imediatamente se torna morta, não tem energia própria.

E a não identificação é o outro lado da vigilância.

O hábito é fácil, a consciência é difícil – mas é assim apenas no começo.

Nunca nos preocupamos com as raízes do amor e falamos apenas das flores. Dizemos às pessoas que sejam não violentas, que sejam compassivas, que amem tanto e de tal modo que possam amar um inimigo, tanto que você possa amar até mesmo seu vizinho.

Falamos de flores, mas ninguém se interessa pelas raízes.

A questão é: por que não amamos os seres humanos? Não se trata de amar uma pessoa ou outra, amar um amigo ou um inimigo; a questão é amar ou não.

Você ama seu próprio corpo? Já tocou o próprio corpo com uma carícia amorosa? Você ama a si próprio?

Você está errado e precisa se corrigir. É um pecador e deve tornar-se um santo. Como poderá se amar? Você não pode nem mesmo aceitar a si mesmo. E essas são as raízes!

As flores de plástico são permanentes, o amor de plástico também será. A flor real não é permanente; está mudando momento a momento. Hoje está lá, dançando ao vento, ao sol e à chuva. Amanhã você não a encontrará. Desapareceu tão misteriosamente quanto surgiu.

O amor verdadeiro é como uma flor real.

O coração não conhece nada do passado, nada do futuro; ele conhece apenas o presente. O coração não possui o conceito de tempo.

Entenda que passado e futuro não existem. Tudo o que se tem é um momento muito breve: este exato instante. Você nem sequer tem outro momento. Sempre há um único momento em suas mãos; e ele é tão fugaz que, se estiver pensando no passado e no futuro, você o perderá. E essa é a única vida e a única realidade que existe.

A política é uma doença e deve ser tratada como tal. É mais perigosa que um câncer: se for necessária uma cirurgia, ela deverá ser feita. Porque ela é fundamentalmente indecente. E tem que ser, porque milhares de pessoas aspiram determinada colocação. Então, naturalmente, lutarão, matarão, farão qualquer coisa para conseguir isso.

Nossa mente está tão errada que fomos programados para sermos ambiciosos, e é aí que a política se encontra. E isso não é apenas no mundo da política do dia a dia – ela corrompeu até mesmo nosso cotidiano.

Até mesmo uma criança pequena começa a sorrir para a mãe e para o pai com um sorriso falso. Não há profundidade por trás desse gesto, mas ela sabe que sempre que sorri é recompensada. Ela aprendeu a primeira regra de como ser política. Ainda está no berço e já sabe de política. Ou seja, nas relações humanas, a política está em toda parte.

O homem lesou a mulher. Isso é um ato político. A mulher constitui metade da humanidade, e o homem não tem o direito de incapacitá-la; ainda assim, por séculos ele a inferiorizou.

Ele não permitiu sua educação nem permitiu que ela ouvisse as sagradas escrituras. Em muitas religiões, nem mesmo permitiu que entrasse no templo; ou, se permitiu, apenas em uma área separada. Ela não pode se colocar em igualdade com o homem, mesmo diante de Deus.

O homem tentou cortar a liberdade da mulher em todos os sentidos. Isso é uma atitude política, não é amor. Você ama uma mulher, mas não lhe dá liberdade. Que tipo de amor é esse, que tem medo de dar liberdade? Você a engaiola como um papagaio. Você até mesmo pode dizer que ama esse papagaio, mas não entende que o está matando.

Você tirou do papagaio o céu e lhe deu apenas uma gaiola. A gaiola pode ser feita de ouro, mas mesmo de ouro não se compara à liberdade dos papagaios no céu, movendo-se de árvore em árvore, cantando sua canção – não aquilo que você os força a cantar, mas aquilo que é natural para eles, aquilo que lhes é autêntico.

Metade da humanidade – em todos os países, em todas as civilizações – foi destruída pela política da família; ou seja, uma coisa política. Onde quer que haja poder sobre outra pessoa, a política está presente.

O poder é sempre político, mesmo se tratando de crianças pequenas. Os pais pensam que elas os amam, mas isso está apenas na mente deles; caso contrário, iriam querer filhos obedientes. E o que significa obediência? Significa que todo o poder está nas mãos dos pais.

Se a obediência é uma qualidade tão importante, por que os pais não são obedientes aos filhos? Se isso é uma coisa tão sagrada, os pais deveriam ser obedientes a eles.

O poder não tem nada a ver com religião. Toda a relação do poder com a religião é esconder a política com belas palavras.

O homem precisa de transparência em todos os aspectos, onde quer que a política tenha entrado, e ela tem entrado em toda parte, em todo relacionamento. Ela contaminou, e está continuamente contaminando, toda a nossa vida.

A ambição geral é tornar-se alguém no mundo, provar que não é uma pessoa comum, que é alguém extraordinário. Mas para quê? Com que propósito? Um único propósito: tornar-se poderoso e deixar os outros como subservientes.

Dessa maneira você castrou a humanidade inteira, de diferentes modos, e essa castração é extremamente política.

As pessoas amam a liberdade, mas ninguém quer responsabilidade. E elas andam juntas, são inseparáveis.

Por que você deveria se preocupar com reconhecimento? Preocupar-se com sua valorização só tem significado se você não ama seu trabalho; então isso é significativo, parece compensar. Você odeia o trabalho, não gosta, mas está fazendo aquilo porque haverá reconhecimento; você será apreciado, aceito.

Em vez de pensar em reconhecimento, reconsidere seu próprio trabalho. Você ama o que faz? Então este é o ponto-final: se não ama o que faz, mude.

Os pais e os professores insistem que você deve ser reconhecido, que deve ser aceito. Essa é uma boa estratégia para manter as pessoas no controle.

Aprenda uma coisa fundamental: o que quer que faça, faça com amor, sem buscar reconhecimento. Isso seria mendigar. Por que alguém deveria buscar reconhecimento? Por que se deveria almejar aceitação?

Olhe fundo em si mesmo. Talvez você não goste do que está fazendo. Talvez sinta medo de estar no caminho errado. E a aceitação o ajudará a sentir-se seguro. O reconhecimento o fará sentir que está caminhando na direção de um objetivo certeiro.

É questão dos próprios sentimentos internos; não tem nada a ver com o mundo exterior. Por que depender dos outros? Todas essas coisas dependem de outras pessoas; assim, você mesmo se torna dependente.

Ao evitar essa dependência, você se torna um indivíduo vivendo em total liberdade, com os próprios pés, bebendo das próprias fontes; é isso que faz alguém verdadeiramente centrado, fundamentado. E esse é o começo de seu supremo florescimento.

Se a inteligência permanece inocente, é a coisa mais bela possível. No entanto, se a inteligência contraria a inocência, ela se torna esperteza e nada mais; ou seja, não é inteligência.

No momento em que a inocência desaparece, a alma da inteligência se foi, é um cadáver. É melhor chamá-la simplesmente de "intelecto". Isso pode torná-lo um grande intelectual, mas não transformará sua vida e não o tornará aberto aos mistérios da vida.

Esses mistérios estão abertos apenas para a criança inteligente. E o indivíduo de fato inteligente mantém sua infância viva até o último suspiro. Ele nunca perde o encanto que a criança sente ao olhar para os pássaros, para as flores, para o céu... A inteligência precisa ser como uma criança.

É estranho que a verdade não seja democrática. Não deve ser decidida por votos; caso contrário, nunca chegaríamos a verdade alguma. As pessoas votariam naquilo que é confortável – e as mentiras são muito confortáveis, porque não é preciso fazer nada a respeito delas, basta acreditar.

A verdade precisa de grande empenho, descoberta, risco, e é preciso que você ande sozinho por um caminho que ninguém havia percorrido antes.

As qualidades de alguém maduro são muito estranhas. Primeiro, ele não é um indivíduo, ele não é mais um eu.

Ele tem uma presença viva, mas não é uma pessoa.

Segundo: ele é mais parecido com uma criança simples e inocente. Foi por isso que eu disse que as qualidades de uma pessoa madura são muito estranhas, porque "maturidade" dá a sensação de que ele é experiente, ele é idoso, velho.

Fisicamente, ele pode ser velho, mas espiritualmente é uma criança inocente. Sua maturidade não é apenas a experiência adquirida ao longo da vida; ele não seria uma criança e, portanto, não seria uma presença viva. Ele seria uma pessoa experiente, erudita, mas não madura.

A maturidade nada tem a ver com as experiências de vida. Tem a ver com sua jornada interior, suas experiências internas.

Quanto mais uma pessoa se aprofunda em si mesma, mais ela amadurece. Quando chega ao âmago de seu ser, está perfeitamente madura. Mas, naquele instante, a pessoa desaparece, apenas uma presença permanece; o eu desaparece, apenas o silêncio permanece. O conhecimento desaparece, apenas a inocência permanece.

Para mim, maturidade é outro nome para realização. Você atingiu seu potencial. Tornou-se real. A semente chegou da longa jornada e floresceu.

A maturidade tem fragrância. Traz imensa beleza ao indivíduo. Propicia inteligência, a inteligência mais cristalina possível. Não faz dele nada a não ser amor. Sua ação é amor, sua inação é amor. Sua vida é amor, sua morte é amor. Ele é simplesmente uma flor de amor.

Toda vez que se tem a percepção de algo verdadeiro, há uma dança no coração. O coração é o único testemunho da verdade.

E não pode testemunhar por palavras. Pode testemunhar à própria maneira: pelo amor, pela dança, pela música não verbal. Ele fala, mas não numa linguagem nem de maneira lógica.

A música moderna caiu em desgraça porque esqueceu seu propósito básico. Esqueceu sua origem. Não sabe que tem algo a ver com a meditação. E o mesmo se aplica a outras artes. Todas elas se tornaram não meditativas e estão levando as pessoas à loucura.

O artista cria um perigo para si mesmo e também cria um perigo para seu público. Ele pode ser um pintor, mas sua pintura é insana; não surgiu a partir de um estado meditativo.

Toda função da mente é continuar dividindo. A função do coração é ver o elo para o qual a mente está completamente cega.

Mentes fracas não enlouquecem.

A ideia de quietude e silêncio não excita ninguém. Isso não é um problema individual; é um problema da própria mente humana, porque permanecer imóvel, ficar em silêncio, significa estar num estado de não mente.

A mente não pode ficar imóvel. Ela precisa pensar, ocupar-se. Funciona como uma bicicleta: ao seguir pedalando, ela continua; no momento em que para de pedalar, você cai. A mente é um veículo de duas rodas, assim como uma bicicleta; e seu pensamento é um constante pedalar.

Mesmo nos momentos de silêncio, imediatamente você começa a se preocupar: *Por que estou em silêncio?* E faz qualquer coisa para criar preocupações e pensamentos, porque a mente só pode existir de uma maneira: correndo, sempre correndo atrás de algo ou fugindo de algo. O movimento é a mente.

No momento em que você para, a mente desaparece.

Nós tentamos, de todas as maneiras, afastar a sensação de sermos desconhecidos. É por isso que criamos todos os tipos de rituais. Um homem se casa com uma mulher... E o que é casamento? Apenas um ritual. Mas por quê? Porque eles querem abandonar o anonimato e, de alguma forma, criar uma ponte.

A ponte nunca se cria: eles apenas imaginam que agora um é o marido, o outro é a esposa, mas permanecem como estranhos. Seguirão juntos a vida inteira, mas não serão nada além de estranhos, porque ninguém adentra a solidão do outro.

Você só pode deixar de ser um estranho ao adentrar minha solidão, ou eu na sua, o que não é possível nem mesmo fisicamente. Podemos chegar o mais perto possível; mas, quanto mais nos aproximamos, mais nos tornamos conscientes desse desconhecimento do outro, porque mais somos capazes de observar: "O outro é desconhecido para mim, talvez até incognoscível".

Todo mundo tem uma espécie de armadura. Existem razões para isso. Primeiro, a criança nasce desamparada, num mundo totalmente desconhecido. Óbvio que ela tem medo do desconhecido com que se defronta.

Ela ainda não esqueceu aqueles nove meses de absoluta segurança, sem problema, responsabilidade nem preocupação com o amanhã. Para nós, são nove meses; para o bebê, é a eternidade. Ele não sabe nada sobre o calendário, não sabe nada sobre minutos, horas, dias ou meses. Ele viveu uma eternidade em absoluta segurança, sem qualquer encargo.

De repente ele é jogado num mundo desconhecido, onde depende de outros, de tudo. É natural que sinta medo. Todo mundo é maior, é mais forte, e ele não pode viver sem ajuda alheia. Sabe que é dependente; perdeu sua independência, sua liberdade.

Em certa medida, uma armadura pode ser uma necessidade – e talvez de fato seja. À medida que você cresce, não envelhece somente, mas também cresce em discernimento, começa a perceber o que está carregando consigo.

Observe atentamente, e encontrará medo por trás disso. De qualquer coisa que esteja conectada com o medo, a pessoa madura deve se desconectar. É assim que a maturidade se cria. Apenas observe seus atos, suas crenças, e descubra se são baseados na realidade, na experiência ou no medo. Qualquer coisa que se basear no medo deve ser descartada imediatamente, sem pensar duas vezes. Essa é sua armadura.

Sua armadura psicológica não pode ser retirada de você, ou você brigará por isso. Só você pode fazer algo para largá-la, e isso implica olhar cada parte dela. Se for fundada no medo, abandone-a. Se for baseada na razão, na experiência, na compreensão, então não é uma coisa a ser descartada, mas para se tornar parte de seu ser.

Mas você não encontrará uma única coisa em sua armadura que seja baseada na experiência. É tudo medo. E continuamos vivendo a partir do medo, inclusive é por isso que corrompemos todas as outras experiências. Nós amamos alguém, mas é por medo. Sentimento que arruina, envenena. Nós buscamos a verdade, mas, se é a partir do medo, não a encontramos.

Faça o que fizer, lembre-se de uma coisa: com medo não se cresce, apenas se diminui e morre. O medo está a serviço da morte.

A pessoa livre do medo possui tudo o que a vida pode lhe oferecer como dádiva. E então não existe limite: ela será inundada de dádivas e, o que quer que esteja fazendo, terá uma força, um poder, uma convicção, um imenso sentimento de autoridade.

É preciso compreender o processo de identificação, de como alguém pode identificar-se com algo que não é. No momento, você se identifica com sua mente. Você pensa que é isso. E de lá surge o medo. Se está identificado com a mente, então, se ela para, você termina, você não está mais ali. Assim, você não sabe o que há além da mente.

A verdade é que você não é a mente, mas algo além dela; portanto, é essencial que a mente pare para que, pela primeira vez, você possa compreender que não é ela, que ainda permanece ali.

A mente se foi, e você está lá – com a mais elevada alegria, com imensa glória, com toda a luz e consciência, num elevado estado de ser.

A realidade é que estamos sozinhos, não conhecemos uns aos outros, e o mundo será muito melhor se aceitarmos isso, essa verdade básica.

E o que há de errado em se apaixonar por um desconhecido? Qual é a necessidade de, antes de se apaixonar por um estranho, eliminar esse desconhecimento?

É uma das belezas da vida todos sermos desconhecidos em relação ao outro, e não há como mudar essa realidade. É lindo ter alguém desconhecido nos amando, ter desconhecidos como amigos, existir desconhecidos por todo o mundo. Porque, assim, o mundo inteiro se torna um mistério – de fato um mistério.

O amor permite a liberdade. O amor permite que, seja lá o que o outro sinta vontade de fazer, ele possa fazer. Seja lá o que ele sinta, se isso o faz feliz, é escolha dele.

Ao amar alguém, não interfira na privacidade dessa pessoa. Aceite a privacidade dela sem intervir. Não tente invadir seu ser interior.

O requisito básico do amor é: "Eu aceito a outra pessoa como ela é". Porque o amor nunca tenta mudar uma pessoa de acordo com o próprio ideal do outro. Você não tenta recortá-la aqui e ali para ajustá-la a determinada medida, o que tem sido feito em todos os lugares mundo afora...

Se você ama, não existem condições a serem postas.

Se não ama, então quem é você para criar condições?

De uma maneira ou de outra, isso é claro. Se você ama, não existe a questão de condições. Você a ama como ela é. Se não ama, então também não há problema. Se a pessoa não lhe é importante, não existe o problema de impor condições. Ela pode fazer o que quiser.

E, se o ciúme desaparecer e o amor continuar, então você tem algo sólido, que vale a pena manter.

É fato: você se apaixona por alguém, mas não se apaixona por alguém real; se apaixona por alguém idealizado. Enquanto não está junto e vê, da sacada, a pessoa, ou a encontra na praia por alguns minutos, ou segura suas mãos no cinema, você começa a sentir: *Somos feitos um para o outro.*

Mas ninguém é feito para o outro. Você continua projetando cada vez mais e mais imagens sobre essa pessoa, inconscientemente. Você cria certa aura ao redor dela; e ela cria determinada aura ao seu redor. Tudo parece bonito porque você está tornando isso bonito, porque está sonhando, evitando a realidade. E ambos tentam de todas as maneiras possíveis não afetar a imaginação do outro.

A mulher está se comportando da maneira que o homem quer que ela se comporte; e o homem está se comportando da maneira que ela quer que ele se comporte. Contudo, isso dura alguns minutos ou algumas horas, no máximo. Depois que se casam e têm que viver juntos vinte e quatro horas por dia, torna-se um fardo fingir ser algo que não se é.

Apenas para realizar a imaginação do homem ou da mulher, por quanto tempo se pode atuar? Cedo ou tarde, isso se torna um peso, e você começa a se vingar. Começa a destruir toda a fantasia que o outro criou, porque não quer ficar preso nela; você quer ser livre e ser apenas você mesmo.

É a mesma situação com o outro: ele quer ser livre e apenas ser ele mesmo. E esse é o conflito constante entre todos aqueles que se amam, em qualquer relação.

Quando você compartilha sua alegria, não cria prisão para ninguém: simplesmente doa. Você nem espera gratidão ou retribuição, porque está dando sem esperar nada em troca, nem mesmo gratidão. Você dá porque está pleno, precisa fornecer isso a alguém.

Portanto, se alguém lhe é grato, você agradece à pessoa que aceitou seu amor, que aceitou seu presente. Ela tirou seu peso, você permitiu que ela o refrescasse.

E quanto mais você compartilha, quanto mais você dá, mais recebe de volta. Portanto, isso não faz de você um avarento, não cria um novo medo de que "eu possa perdê-lo". Na verdade, quanto mais você o perde, mais águas frescas fluem de fontes antes desconhecidas.

Se toda a vida é uma coisa só, e se ela segue cuidando das árvores, dos animais, das montanhas, dos oceanos, desde a menor folha até a maior estrela, então ela também cuidará de você.

Por que ser possessivo? A possessividade mostra uma única coisa: que você não confia na vida. Você precisa arrumar uma segurança individual para si mesmo; você não consegue confiar na vida.

A não possessividade significa basicamente confiar na vida.

Não há necessidade de possuir, porque o todo já é nosso.

Abandone a ideia de que apego e amor são uma coisa una. Eles são inimigos. É o apego que destrói o amor.

Se você alimentar, nutrir o apego, o amor será destruído; se alimentar e nutrir o amor, o apego desaparecerá por si só.

Amor e apego não são uma mesma coisa; são duas entidades separadas e antagônicas.

Lembre-se sempre da regra básica da vida: se você endeusa alguma pessoa, um dia vai se vingar dela.

Você deve estar ciente de não ser manipulado por ninguém, por melhores que sejam as intenções. Livre-se dos vários bem-intencionados, bons samaritanos que constantemente o aconselham a ser isso, a ser aquilo. Ouça-os e agradeça. Eles não aparentam qualquer perigo, mas é isso o que de fato acontece.

Ouça apenas seu próprio coração.

Ele é seu único professor.

As pessoas o julgaram, e você aceitou a opinião delas sem questionar. Você sofre devido a todos os julgamentos e, então, lança esses mesmos julgamentos a outros. Esse jogo saiu do controle, e toda a humanidade está sofrendo com isso.

Se quer se livrar disso, a primeira coisa a fazer é: não se julgue. Aceite humildemente suas imperfeições, seus fracassos, seus erros, suas fragilidades. Não há necessidade de fingir o contrário. Apenas seja você mesmo e diga: "Este sou eu, uma pessoa cheia de medo. Não consigo andar numa noite escura. Não posso entrar numa floresta fechada". O que há de errado em reconhecer isso? É humano.

Depois de se aceitar, você será capaz de aceitar os outros, porque terá uma percepção clara de que eles sofrem do mesmo mal. E sua aceitação os ajudará a se aceitarem.

Podemos reverter o processo inteiro: você se aceita, e isso o torna capaz de aceitar os outros. E, porque alguém os aceita, eles aprendem a beleza da aceitação pela primeira vez; como isso gera paz, eles passam a aceitar os outros.

Se a humanidade chegar a um ponto em que todos sejam aceitos como são, quase noventa por cento do sofrimento simplesmente desaparecerá, não terá sustentação, e os corações se abrirão por vontade própria, e o amor fluirá.

A verdade é sempre pura, nua, solitária. E há uma grande beleza, porque a verdade é a própria essência da vida, da existência, da natureza.

Com exceção do ser humano, ninguém mente. Uma roseira não pode mentir. Tem que produzir rosas, não pode produzir margaridas, não pode enganar. Não é possível ser algo diferente do que se é. Com exceção do ser humano, toda existência vive na verdade.

A verdade é a religião de toda a existência, exceto a humana. No momento em que alguém decide se tornar parte da existência, a verdade se torna sua religião.

E essa é a maior revolução possível de ocorrer a alguém. É um momento de glória.

Você não vê o mundo tal como ele é, mas da forma como sua mente o força a vê-lo. E isso pode ser observado em todo o mundo.

Pessoas diferentes são condicionadas de maneiras distintas; e a mente nada mais é que um condicionamento. Todos veem as coisas de acordo com seus condicionamentos, que estabelecem determinado colorido.

Nós criamos distinções, dizemos que alguém é superior e outro é inferior; que o homem é mais poderoso, a mulher é menos poderosa; que uma pessoa é mais inteligente, a outra é menos. Certas raças têm reivindicado ser a escolhida de Deus. Toda religião afirma que seu livro foi escrito pelo próprio Deus. Todas essas coisas, acumuladas em camadas, constituem a mente.

A menos que seja capaz de deixar toda a mente de lado e ver o mundo de forma imediata, com sua consciência, você nunca verá a verdade.

Neste mundo, a maior coragem de todas é pôr a mente de lado. A pessoa mais corajosa é aquela que pode ver o mundo sem a barreira da mente, exatamente como é. É diferente – e de uma beleza absoluta. Não existe ninguém inferior ou superior, não há qualquer diferença.

Normalmente pensamos que intelectuais são pessoas inteligentes. Isso não é verdade. Intelectuais vivem de palavras mortas. A inteligência não é assim. Ela descarta a palavra que é coisa morta e tira dela apenas sua vibração, que é viva.

O caminho do ser humano inteligente é o caminho do coração, que não está interessado em palavras, mas no suco contido em seu interior. Ele não coleciona recipientes, simplesmente bebe o suco e joga fora o recipiente.

Para mim, religioso não é alguém que está acima da natureza, mas quem é integralmente a própria natureza, sua totalidade, que a examinou em todas as dimensões, que não deixou nada sem ser explorado.

É necessário levar uma vida normal para alcançar uma morte normal. A morte natural é o ápice de uma vida vivida de modo natural, sem proibições, sem depressão, exatamente como os animais e os pássaros vivem, como as árvores vivem; sem se fragmentar, uma vida de desapego, que permite que a natureza flua através de você, sem obstruções de sua parte, como se estivesse ausente e a vida se movesse por si só.

Em vez de você viver a vida, ela viveria você; você seria algo secundário. Isso culminaria, então, numa morte de forma natural.

A morte refletiria o ápice, a evolução de toda a vida. Uma forma condensada de tudo aquilo que você viveu.

Pouquíssimas pessoas no mundo morrem de maneira natural, porque são poucas as que vivem naturalmente.

Temos medo da morte porque sabemos que vamos morrer e não queremos. Queremos manter os olhos fechados. Queremos viver num estado do tipo: "Todo mundo vai morrer, mas eu não". Essa é a psicologia humana normal: "Eu não vou morrer".

Levantar a questão da morte é tabu. As pessoas ficam com medo porque isso as faz lembrar sua própria morte. Elas se ocupam muito com trivialidades, e a morte se aproxima; elas buscam essas coisas triviais para mantê-las entretidas. Isso funciona como uma válvula de escape; pensam que não irão morrer, pelo menos não agora, só mais tarde. "No dia que acontecer, vamos tratar disso."

Aceitando a vida em sua totalidade, você também aceitou a morte, que é apenas um repouso. Você trabalha o dia inteiro e à noite quer descansar... ou não é assim? O sono diário o rejuvenesce, o torna novamente capaz de funcionar melhor, com eficiência. Todo o cansaço se esvai, e você é jovem outra vez.

A morte faz o mesmo, em um nível mais profundo. Ela muda o corpo, porque agora ele não pode ser rejuvenescido apenas pelo sono comum; tornou-se velho demais. Precisa de uma mudança drástica, precisa de um novo corpo. Sua energia vital demanda uma nova forma. A morte é simplesmente um sono para você mudar com facilidade de forma.

Quem vive com medo está sempre tremendo por dentro. Está continuamente a ponto de enlouquecer, porque a vida é algo grandioso e, ao sentir um medo contínuo, então todos os temores ocorrerão.

Faça uma lista e fique surpreso com quantos tipos de medo existem. Ainda assim, você está vivo! Há infecções por toda parte, doenças, perigos, sequestros, terroristas... e uma vida tão frágil. Por fim, há a morte, que não se pode evitar. Toda a vida se transformará em escuridão.

Livre-se do medo. O medo foi assimilado por você inconscientemente na infância. Agora, consciente, abandone-o e seja adulto. E, então, a vida poderá ser uma luz a se intensificar à medida que você cresce.

A responsabilidade não é uma brincadeira.
É uma das maneiras mais autênticas de viver perigosamente.

Para mim, a desobediência é uma grande revolução. Isso, claro, não significa dizer não em todas as situações. Significa decidir se deve fazer uma coisa, se é benéfico fazê-la ou não. É chamar a responsabilidade para si.

A menos que conheça a verdade de seu ser, nunca sentirá a grande bênção da vida. Você nunca será capaz de transbordar de contentamento só pelo fato de existir.

Se não experimentar a verdade, não será capaz de se conectar com esse vasto cosmo que é seu lar. Ele lhe deu à luz e tem uma imensa expectativa de que você crescerá até o ponto máximo da consciência, porque, através de você, a vida pode se tornar consciente. Não há outro caminho.

O intelecto é pensamento, e a consciência é descoberta num estado de não pensamento tão completamente silencioso que nem mesmo um único pensamento se move provocando perturbação. Nesse silêncio, você descobre que seu próprio ser é tão vasto quanto o céu. E compreender isso é perceber algo que importa; do contrário, todo o seu conhecimento será lixo.

Seu conhecimento pode ser útil, ter utilidade, mas não vai ajudá-lo a transformar seu ser. Não pode levá-lo a uma realização, a um estado de contentamento, a uma iluminação, a um ponto em que você possa dizer: "Eu voltei para casa".

Não existe lar, a menos que o encontremos em nós mesmos.

Dar amor é a verdadeira e bela experiência, porque você se torna um rei. Obter amor é uma experiência muito pequena e é o comportamento de um mendigo. Não seja mendigo. Pelo menos no que diz respeito ao amor, seja rei, porque o amor é uma qualidade inesgotável; você pode continuar dando quanto quiser. Não tenha receio de que ele se esgote, de que um dia você se encontre dizendo: "Meu Deus! Não tenho mais amor para dar".

O amor não é quantidade, é qualidade, e um tipo de qualidade que cresce ao dar e morre se é retida. Se você é mesquinho em relação ao amor, ele morre. Ostente! Não se importe com o objeto de amor. Essa, de fato, é a ideia de uma mente avarenta, de que "darei amor somente a determinadas pessoas, com certas qualidades".

Você não percebe que tem uma quantidade imensa de amor, que é uma nuvem carregada. A nuvem de chuva não se preocupa com o local onde vai descarregar sua água – seja nas rochas, nos jardins, seja no oceano, não importa. Ela quer descarregar, e a liberação é um tremendo alívio.

Portanto, o primeiro segredo é: não peça amor.

Não pense em dar somente se alguém lhe pedir.

Simplesmente dê!

A coisa mais básica a lembrar é que, quando se sente bem, em êxtase, você não deve imaginar que esse vá se tornar seu estado permanente.

Viva o momento com felicidade, com a maior alegria possível, percebendo que ele chegou e vai penetrar como uma brisa em sua casa, com toda a fragrância e todo o frescor, e que irá sair pela outra porta.

Se pensar em tornar permanentes seus momentos de êxtase, já começa a destruí-los. Quando eles chegarem, seja grato; quando partirem, seja grato à vida. Continue aberto. Isso acontecerá muitas vezes. Não seja um julgador, não escolha; permaneça num estado de não escolha.

Sim, haverá momentos em que se sentirá infeliz. E daí? Existem pessoas que são infelizes e que nem sequer conheceram um único momento de êxtase. Você tem sorte.

Mesmo no sofrimento, lembre-se de que não será permanente, também passará. Portanto, não se deixe afetar demais por isso. Permaneça tranquilo. Assim como o dia e a noite, há momentos de alegria e momentos de tristeza. Aceite-os como parte da dualidade da natureza, como as próprias coisas são.

Assim, você simplesmente é um observador; não se transforma em felicidade nem em sofrimento. A felicidade vem e vai, o sofrimento vem e vai. Algo que permanece sempre lá... esse é o observador, aquele que testemunha.

A meditação foca o núcleo essencial do ser, que não se separa entre masculino e feminino.

Consciência é simplesmente consciência.

Um espelho é um espelho, não é masculino, não é feminino, apenas reflete. A consciência é exatamente como um espelho.

E a meditação permite que seu espelho reflita, apenas reflita a mente em ação, o corpo em ação. Não importa se o corpo é de homem ou de mulher; não importa como a mente funciona, se emocional ou logicamente. Seja qual for o caso, a consciência precisa estar atenta a ela.

Bem devagar, foque cada vez mais o observador. Dias e noites virão, vidas e mortes chegarão, o sucesso acontecerá, e o fracasso também. Se estiver centrado no observador – porque essa é a única realidade em você –, tudo será um fenômeno passageiro.

Apenas por um instante, tente sentir o que estou dizendo: seja apenas um observador. Não se apegue a nenhum momento bonito e não afaste nenhum momento triste. Pare de fazer isso. Isso que tem sido feito por toda a vida nunca levou a nada nem nunca levará.

A única maneira de ir além é permanecer lá e descobrir um lugar de onde possa assistir a todos esses fenômenos ocorrendo, sem se identificar com eles.

A experiência vem e vai, não se fixe nela, a menos que tenha encontrado o experimentador, quem é essa consciência, aquele que está sentindo a alegria, que está sentindo a dor, o bem-estar, a tristeza...

Todo esforço deve ser feito para chegar ao centro do furacão. Toda a vida é um furacão de mudanças, de alternância de cenários, variações de cores; e, bem no meio desse furacão, existe um centro silencioso. Esse centro é você.

Uma vez identificado com certa ideia, você adoece. Toda identificação é doença mental.

E, de fato, a mente é a sua doença.

Deixar a mente de lado e apenas observar silenciosamente, sem nenhum pensamento, sem quaisquer preconceitos, é uma maneira saudável de se ambientar com a realidade. E com isso você encontra uma realidade única.

A descoberta do real o libertará de muitas coisas estúpidas, muitas superstições. Isso limpará seu coração de todo tipo de lixo que gerações despejaram sobre você. As doenças passam de geração em geração; você herda um passado inteiro com todas as ideias estúpidas. Do contrário, não haveria diferenciação, não haveria comparação.

E, uma vez livre de fazer comparações e distinções, você está leve, e toda a sua existência fica leve. Você elimina toda a carga. Torna-se tão leve que pode abrir asas e voar.

Tudo passa, mas você permanece; você é a realidade. Tudo é apenas um sonho – sonhos lindos estão ali, assim como pesadelos. Mas não importa se é um sonho bonito ou um pesadelo, o que importa é aquele que o observa.

Esse que vê é a única realidade.

Ele é algo absolutamente eterno.

Apenas um pequeno vislumbre disso, e todos os seus problemas começarão a desaparecer, uma perspectiva totalmente nova surgirá, uma nova visão, uma nova maneira de viver, um novo modo de ver as coisas, ver as pessoas, responder às situações.

E o observador está sempre presente, vinte e quatro horas por dia: o que quer que você esteja fazendo, ele está lá. Esteve por séculos, por toda a eternidade, esperando que você o percebesse. Talvez justamente por ter estado sempre ali foi que você se esqueceu dele. Aquilo que é óbvio é sempre esquecido. Lembre-se disso.

Quando sentir bem-estar, êxtase, lembre-se disso.

Quando estiver em sofrimento, na angústia, lembre-se disso.

Em todas as circunstâncias, em todos os estados de ânimo, continue se lembrando sempre disso. Em breve você será capaz de permanecer focado, não haverá necessidade de lembrar. E esse será o dia mais importante de sua vida.

Eu vos digo que não existe o mal e não existem forças malignas no mundo. O que há são pessoas conscientes e pessoas que dormem profundamente, mas cujo sono não possui força alguma.

Toda a energia está nas mãos das pessoas despertas. E uma pessoa desperta pode despertar o mundo inteiro. Uma vela acesa pode fazer milhões de velas acenderem sem perder sua luz.

O sofrimento alimenta seu ego, e é por isso que você vê tantas pessoas sofrendo no mundo. O ponto básico e central é o ego.

Para compreender o amor, primeiro você precisa amar e só então pode compreendê-lo. Milhões de pessoas estão sofrendo: querem ser amadas, mas não sabem como amar. E o amor não pode existir como monólogo; é um diálogo, um diálogo muito harmonioso.

Não é o que as pessoas dão a você que o satisfaz, mas, sim, o que você dá às pessoas. Não é mendigando que vai chegar ao contentamento; é sendo um rei. E o amor, quando você dá, faz de você um rei.

É possível oferecê-lo em grande quantidade, infinita, pois, quanto mais você dá, mais puro, mais iluminado, mais perfumado seu amor se torna.

No momento em que compreende, experimenta o que é o amor, você se torna o próprio amor. Então não existe a necessidade de ser amado nem de amar: amar será sua própria existência, pura e espontânea, sua própria respiração. Você não pode fazer nada além disso, será simplesmente uma pessoa amorosa.

Por sua vez, se o amor não chegar a você, você não se sentirá ferido por isso, pela simples razão de que somente a pessoa que se tornou amor pode amar. Só se pode dar o que se tem.

Pedir às pessoas que o amem, pessoas que não têm amor na vida, que não chegaram à fonte de seu ser, onde o amor tem sua morada... Como elas poderiam amá-lo? Elas podem fingir, podem concordar com isso. Elas podem até acreditar amar. Mas mais cedo ou mais tarde, porém, descobrirão que não passa de fingimento, que estão atuando, que é hipocrisia.

Talvez não haja intenção de enganar, mas o que a pessoa pode fazer? Você pede amor, a outra pessoa também quer amor. Ambos entendem que é esperado que você ame, que só dessa forma você pode obter amor, e assim ambos tentam isso de todas as maneiras possíveis. É uma atitude, mas inconsistente, vazia. Ambos vão descobrir e reclamarão um do outro, de que não está certo. Desde o início, então, o que existiu foram dois mendigos, implorando um ao outro, e ninguém tem nada além de tigelas vazias.

O ego é a maior escravidão, o único inferno que eu conheço.

Aqueles que encontraram dentro de si a fonte do amor não possuem mais a necessidade de ser amados e serão amados.

Eles não amarão por nenhuma razão senão porque simplesmente têm muito a dar, assim como uma nuvem de chuva quer descarregar sua água, assim como uma flor quer liberar seu perfume, sem desejo de obter nada. A recompensa do amor está no amor, não em sua obtenção.

E esses são os mistérios da vida: se uma pessoa é recompensada simplesmente por amar os outros, muitos a amarão, porque, ao entrar em contato com ela, aos poucos encontrarão essa fonte dentro de si. Agora pelo menos eles conhecem uma pessoa que espalha amor e alguém cujo amor não se traduz em necessidade. Quanto mais ela compartilha e mostra seu amor, mais ele cresce.

Não pense na verdade como um objeto, pois não é. Ela não está lá, ela está aqui.

A mente funciona de maneira dualista: isso pode estar certo ou seu oposto pode estar certo. Os dois juntos não podem estar corretos no que diz respeito à mente, à sua lógica, e à sua racionalidade.

Se a mente é dual, ou isso ou aquilo, então o coração é ambos: isso e aquilo.

O coração não tem uma lógica, mas uma sensibilidade, uma percepção. É capaz de perceber que não apenas as duas coisas podem estar juntas, mas que, na verdade, nem são duas. É um fenômeno visto de dois aspectos diferentes.

E se há uma questão de escolher entre a mente e o coração, o coração está sempre certo, porque a mente é uma criação da sociedade. Ela foi educada. Você foi formado pela sociedade, não pela vida.

O coração não é poluído.

O coração é a pura vida; portanto, possui sensibilidade.

Olhe do ponto de vista do coração, e as contradições começarão a derreter como se fossem gelo.

Eu lhe digo: seja uno com o Universo, você precisa desaparecer e deixar a vida acontecer. Você precisa estar ausente para que a vida se faça presente em sua totalidade. É a pessoa que estou dizendo que tem que desaparecer – ela, não você de fato, apenas sua personalidade, apenas uma ideia que está em você.

Na verdade, você já é uno com a vida. Você não pode existir de outra maneira, você é a vida.

Mas a personalidade cria uma mentira e faz você se sentir à parte. E assim pode-se considerar que, sendo uma vida separada, isso lhe traz liberdade total, mesmo sendo algo que vai contra ela mesma. Você pode se ver como uma entidade separada, um ego. E essa é a barreira que o impede de se dissolver na vastidão que o cerca a cada instante.

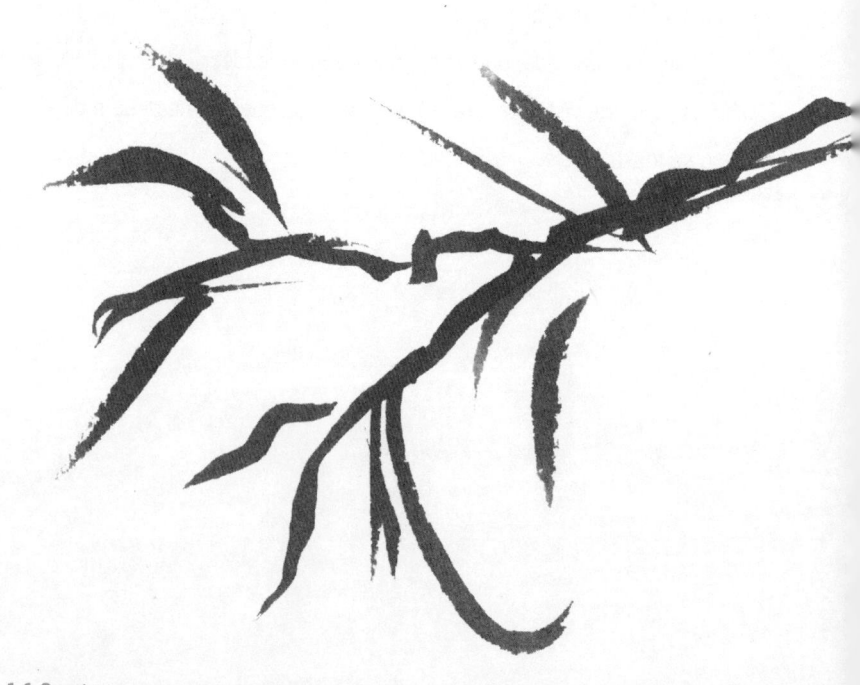

Olhando um pôr do sol, apenas por um segundo, você esquece a separação: você é o pôr do sol. Esse é o momento em que sente a beleza disso. Então, quando diz que é um belo pôr do sol, você já não o sente mais; você voltou à sua entidade separada e fechada do ego. Agora é a mente que está falando.

E esse é um dos mistérios de que a mente pode falar sem nada saber; e o coração, conhecendo tudo, nada pode falar. Talvez saber demais torne difícil de expor; enquanto a mente, por conhecer tão pouco, seja capaz de falar. A linguagem é suficiente para isso, mas não é suficiente para o coração.

Às vezes, sob impacto de determinado momento, uma noite estrelada, um nascer do sol, uma linda flor, por um instante, você esquece que se encontra separado. E, ainda que seja um esquecimento momentâneo, isso libera imensa beleza e êxtase.

Na vida, nada é permanente, nada pode ser permanente. Não está em suas mãos tornar algo permanente. Somente coisas mortas podem ser permanentes. Quanto mais viva é a coisa, mais efêmera ela se mostra.

Hoje o amor está ali, amanhã não sabemos... Pode estar lá, pode não estar. Não está em suas mãos controlar isso. Isso é algo que está acontecendo. Você não pode fazer nada; não pode criá-lo se não estiver lá. Tanto se estiver ali, ou não, você é impotente em relação a ele.

As pedras podem ser permanentes. As flores, não.

E o amor não é uma pedra. É uma flor – e de um tipo muito raro.

O coração é a transcendência da dualidade. O coração vê as coisas com clareza, e o amor é sua qualidade natural, nada que possa lhe ser ensinado. E esse amor não tem nenhum tipo de ódio como contrapartida.

Você é capaz de transcender a dualidade amor/ódio. No momento, eles andam de mãos dadas em sua vida. Você ama a mesma pessoa que odeia: de manhã é ódio, à noite é amor – o que soa confuso. Você nem mesmo entende se ama ou odeia a pessoa, porque faz as duas coisas em momentos diferentes.

Mas é assim que a mente funciona: por contradições. A evolução também funciona por oposições, mas essas oposições da vida não são contradições, elas são complementares.

O ódio também é um tipo de amor, mas de cabeça para baixo.

O amor que vem da mente é sempre um "amoródio". Sim, não são duas palavras, é uma palavra apenas – "amoródio" –, sem hífen que as divida. Por sua vez, o amor que parte do coração está além de todas as dualidades...

Todo mundo está em busca daquele amor que vai além do amor e do ódio, mas o busca com a mente e, portanto, se vê infeliz. Todo aquele que ama experimenta o fracasso, a mentira, a traição; entretanto, ninguém é culpado. A realidade é que você está utilizando um instrumento errado. É como se alguém usasse os olhos para ouvir música e, então, surtasse ao perceber que não existe música. Porque não foram feitos os olhos para ouvir nem os ouvidos para ver.

A mente é uma máquina de cálculos muito técnica, não tem nada a ver com o amor.

O amor será um caos, perturbará tudo dentro dela. O coração não tem relação com negócios, está sempre de férias. Ele pode amar e fazer isso sem nunca transformar seu amor em ódio; não tem veneno feito de ódio.

Todo mundo está buscando esse amor, mas pelo instrumento errado, daí o fracasso do mundo. Lentamente, vagarosamente, as pessoas, ao verem que o amor só gera sofrimento, tornam-se fechadas e afirmam: "O amor é uma bobagem". Criam uma forte barreira contra o amor. Contudo, sentirão falta das belezas da vida, sentirão falta de tudo aquilo que é precioso...

A amizade é o amor mais puro. É a forma mais elevada de amor, quando nada é cobrado, nenhuma condição; é quando alguém simplesmente se sente feliz ao dar. A pessoa ganha muitíssimo, mas isso é secundário, e acontece por vontade própria.

V iver sem futuro é a maior coragem de todas. Somente os covardes vivem no futuro.

O passado humano tem sido de muito medo. Era vivido não no presente, mas no futuro: "Tudo o que tiver que acontecer acontecerá amanhã". E, nessa esperança, as pessoas viveram e morreram. O que estavam esperando nunca apareceu: provaram estar esperando Godot.

O presente permaneceu inexplorado, não vivido,

e essa é a única realidade que existe de fato.

O que quer que você espere de sua morte, primeiro faça com que sua vida seja exatamente a mesma coisa, porque a morte não está separada da vida.

A morte não é o fim da vida, mas apenas uma mudança.

A vida continua, tem continuado e sempre continuará. Mas as formas se tornam inúteis, velhas, mais um fardo que uma alegria; então é melhor dar à vida uma forma nova e renovada.

A morte é uma bênção, não uma maldição.

O método mais simples de meditação é apenas uma maneira de observar algo. Existem 112 métodos de meditação, e a observação é parte essencial de todos eles. Por isso, no que me diz respeito, a observação em si é o único método. Esses 112 métodos são apenas diferentes maneiras de aplicar essa observação.

O núcleo essencial, o espírito da meditação, é aprender a observar passivamente.

Você está vendo uma árvore; você está ali, a árvore está ali, mas você não consegue observar alguma coisa a mais? Que está vendo a árvore, que existe um observador em você que vê você mesmo observar a árvore.

O mundo não se divide apenas entre objeto e sujeito. Há algo além de ambos, e esse algo além é meditação.

Ser sem-teto é ser livre, é a liberdade. Significa que não existe qualquer apego nem obsessão por nada externo; que você não precisa obter qualquer felicidade que venha do lado fora, porque sua energia está dentro de você. Você tem essa fonte; não precisa de mais. Portanto, onde quer que esteja, ainda que não tenha um teto, curiosamente, você se encontra em casa.

As pessoas que procuram por um lar estão sempre caindo em desespero e, ao fim, sentem: "Fomos enganados, a vida nos enganou. De algum modo, ela nos fez criar o desejo de encontrar uma casa, e não há casa, ela simplesmente não existe".

Tentamos construir um lar de todas as maneiras possíveis: achamos um marido, uma esposa, trazemos filhos ao mundo... Tentamos criar uma família, que é um ambiente psicológico. Não fazemos apenas uma casa, mas tentamos torná-la quase uma entidade viva. A pessoa tenta montar a casa de acordo com seus sonhos, como um preenchimento de afeto, que nessa frieza...

E é imensa a frieza da existência. O Universo é tão frio, tão indiferente, que você deseja criar um pequeno abrigo para si, onde se sinta cuidado, note que algo o protege, que algo lhe pertence, que você é um proprietário, não é um andarilho sem-teto.

Mas, na realidade, esse tipo de ideia lhe gera sofrimento, porque um dia descobrirá que o marido com quem viveu, a esposa com quem esteve, é um estranho. Mesmo depois de cinquenta anos juntos, a estranheza não desapareceu; pelo contrário, aprofundou-se. Perceberá que eram menos estranhos no dia em que se conheceram.

À medida que o tempo passa e vocês permanecem juntos, vocês se tornam cada vez mais estranhos, porque se conhecem cada vez mais e, agora, de fato, não sabem quem é aquela outra pessoa. Quanto mais se conhece, menos se sabe. Parece que quanto mais você se familiariza com a pessoa, mais se conscientiza de sua total ignorância sobre ela; não há como acabar com isso.

Você imaginou que seus filhos fossem seus, e um dia você descobre que eles não são. Você foi apenas a passagem que eles atravessaram. Eles têm a própria vida, são pessoas absolutamente desconhecidas. Não pertencem a você. Eles encontrarão os próprios caminhos.

Quem é que está com você?

Na realidade, ninguém está com ninguém.

Você pode estar sempre rodeado por pessoas; entretanto, está sozinho. Tanto sozinho como no meio de uma multidão, seja em casa, seja num passeio, não faz diferença.

Para o ego, a solidão nunca é uma felicidade. O ego deleita-se apenas quando alguém está subordinado a ele, quando pode dizer: "Eu sou mais alto que você, maior que você".

O ego nunca tem prazer na solidão; sendo assim, qual é o sentido de ter ego?

Viva e ame, ame plena e intensamente, mas nunca seja contra a liberdade. A liberdade deve permanecer como o mais alto valor.

Somos continuamente ensinados a pensar que o amor é relacionamento, por isso nos acostumamos a essa ideia. Mas isso não é verdade. Esse é o significado mais baixo dele, muito contaminado.

O amor é um estado de ser.

Toda vez que se percebe algo verdadeiro, o coração celebra. O coração é o único testemunho da verdade.

E ele não pode testemunhar por meio de palavras.

O coração pode testemunhar ao próprio modo: pelo amor, pela alegria, tocando música, de forma não verbal. Ele fala, mas não numa linguagem nem de maneira lógica.

O tempo é sempre incerto. Essa é a dificuldade da mente: ela quer ter certeza, e o tempo é sempre incerto.

Assim, quando, por coincidência, a mente encontra um pequeno espaço de certeza, ela se sente estabelecida; um tipo de permanência ilusória a envolve. Ela tende a esquecer a real natureza da existência e da vida e começa a viver numa espécie de mundo dos sonhos, que, por sua vez, assume uma aparência de realidade.

É uma sensação boa para a mente, porque ela sempre tem medo de mudar, pela simples razão: quem sabe o que a mudança trará? Algo bom ou mau. Uma coisa é certa: a mudança perturbará seu mundo de ilusões, expectativas, sonhos.

A mente é como uma criança brincando na praia, fazendo castelos na areia. Por um momento, parece que a construção está pronta, mas ela é feita de areias movediças. A qualquer momento, basta uma brisa, ruirá em pedaços. Nós começamos a viver naquele castelo dos sonhos e a sentir que encontramos algo que permanecerá sempre conosco.

Contudo, o tempo segue perturbando a mente. Isso parece ser muito difícil, mas na verdade ele é solidário ao estar sempre com você. Ele não permite que você crie realidades a partir das aparências. Não lhe dá a chance de aceitar máscaras como seu verdadeiro rosto, seu rosto original.

As pessoas pensam que permanecer imutável em seus princípios lhes dá certa força. Estão erradas. Isso suga toda a força. Elas são as pessoas mais fracas do mundo.

São como crianças pequenas que cresceram e ainda usam o pijama de quando eram bebês e que agora parece desconfortável, gera um pouco de dificuldade. Elas têm que esticar o pijama o tempo todo, porque fica saindo continuamente, e os outros riem.

Ou seja, à medida que você cresce, seu pijama também deve aumentar. E, como o tecido não cresce, você precisa trocá-lo.

Logo, não vejo problema algum nisso. Mas posso ver que não é apenas a situação de uma pessoa, que milhões de pessoas estão vivendo assim. Todos aplicam uma disciplina rígida e depois enfrentam problemas. Ninguém está colocando esse problema neles; tudo é causado pelos próprios princípios. Se os abandonam, as pessoas se sentem mal; se os perseguem, elas sofrem.

Eu ensino uma vida sem princípios, uma vida de inteligência que muda a cada transformação ao redor, de modo que você não tenha um princípio que seja difícil de mudar. Seja absolutamente sem princípios e siga a vida, assim não haverá sofrimento.

Nós deveríamos ser descontínuos em relação ao passado – esse costume foi uma coisa doentia. O ser humano tem levado uma vida muito perturbada porque criou uma filosofia doente e a seguiu à risca.

Deveríamos descontinuar essa doença, por mais respeitável e tradicional que seja, e redescobrir a totalidade humana.

E isso só pode ser feito quando juntamos brincadeira com reverência; quando a brincadeira se torna uma profunda reverência; quando a reverência não o leva a morrer, a renunciar, mas a se alegrar, a dançar, a celebrar.

Viva como um guerreiro, de um jeito ou de outro, mas nunca se comprometa com uma causa. É melhor ser derrotado, mesmo que por completo, que ser vitorioso por meio de um engajamento. Essa vitória não lhe proporcionará nada, exceto humilhação; enquanto a derrota sem se comprometer com algo ainda lhe trará dignidade.

A vida é um mistério: aqui, às vezes, a vitória é apenas uma coisa vergonhosa e a derrota é algo digno, que não se compromete com determinado interesse.

A mente só pode funcionar com aquilo que é previsto, com o que é conhecido. Quando há algo não previsível, desconhecido, ela precisa parar. E a interrupção da mente é o som de uma só mão batendo palmas.

É o silêncio.

Em um relacionamento, ser compreensivo significa dizer que você pode estar errado e o outro pode estar certo. Não é garantia de que, por exemplo, por ser homem, você tem o poder e a autoridade para estar certo. Nem por ser mulher.

Se fôssemos um pouco mais humanos e um pouco mais amáveis, poderíamos dizer um ao outro: "Me desculpe". Mas quais são as coisas pelas quais você tem lutado? Coisas tão pequenas, tão triviais que, se alguém lhe perguntar, o deixaria envergonhado.

Abandone a ideia de que tudo precisa se encaixar; abandone a ideia de que chegará a uma total harmonia, porque não é verdade. Se tudo se encaixar perfeitamente, ambos ficarão entediados com o outro. Se tudo estiver em harmonia, você perderá a essência do relacionamento.

É bom que as coisas não se encaixem perfeitamente. É bom sempre ter uma lacuna, de modo que haja sempre algo a explorar, a transpor, alguma ponte a ser construída.

Toda a vida pode ser um enorme descobrimento do outro, se aceitarmos as diferenças, a singularidade de cada indivíduo, e não fizermos do amor um tipo de escravidão, mas, sim, uma amizade.

Quem vai ensiná-lo a sentar-se em silêncio? Essa é a coisa mais difícil do mundo. Você pode fazer tudo com facilidade, e o que parece mais fácil, que é sentar-se em silêncio, parece ser a missão mais árdua.

O amor deve ser uma relação afetuosa, na qual ninguém é superior, na qual ninguém vai decidir sobre as coisas, na qual ambos estão plenamente conscientes de que são diferentes, que suas abordagens em relação à vida são distintas, que pensam de maneira diversa e que, mesmo com todas essas diferenças, se amam. Dessa forma, não haverá problema.

Os problemas somos nós que criamos.

Não tente algo sobre-humano. Seja humano e aceite o lado humano da outra pessoa, com toda a fragilidade que lhe é própria. Ela cometerá erros, assim como você os comete – e é preciso aprender isso. Estar junto é um grande aprendizado para perdoar, esquecer e compreender que o outro é tão humano quanto você. Basta um pouco de perdão...

Quando as pessoas falam, elas querem o convencer da opinião emitida. É uma tentativa de disseminar um domínio sutil. Quando falam, querem doutriná-lo, porque todo mundo que tem uma doutrina, possui um medo profundo de descobrir se aquilo que falam é verdade ou não.

A única maneira de ela sentir que aquilo é verdadeiro é doutrinar muitas pessoas e ver em seus olhos uma convicção, testemunhar que houve conversão. Então ela se sente à vontade, porque a conta que faz é: "Se tantas pessoas encontram tanto conforto no que estou lhes dizendo, deve haver algo de verdadeiro nisso".

Assim, as pessoas falam às outras para que elas próprias possam acreditar no que dizem.

Existem dois tipos de amizade. Um é a amizade em que você é um mendigo, em que precisa de algo do outro para ajudar em sua solidão. A outra pessoa também é um mendigo e quer o mesmo de você. Todavia, naturalmente, dois mendigos não podem se ajudar.

Logo eles perceberão que o pedido de um mendigo dobrou ou multiplicou a necessidade. Agora, em vez de existir apenas um mendigo, existem dois. E, se eles tiverem filhos, então será uma família de mendigos pedindo, na qual ninguém tem nada a oferecer.

O ser humano nasce sem-teto, permanece a vida inteira sem-teto e morre sem-teto. Aceitar essa verdade possibilita uma imensa transformação. Assim, você não busca mais uma casa – porque a casa é algo que está lá, distante, algo diferente de você. E todo mundo está procurando uma casa. Mas, quando você percebe a ilusão de ter uma, então, em vez de procurar por ela, começará a buscar o ser humano que nasce sem-teto, aquele cujo destino é ser sem-teto.

Não há nenhum modo de fazer uma casa.

E isto é um milagre: no momento em que você percebe que não há como construir um lar, toda sua existência passa a ser seu lar. Portanto, onde quer que se encontre, você estará em casa.

Assim, todo mundo está frustrado e com ódio, e todos se sentem enganados, ludibriados. Só que não há ninguém enganando, ou trapaceando, afinal, o que você tem a oferecer?

O outro tipo de amizade, o outro tipo de amor, tem uma qualidade completamente diferente. Ele não vem de uma necessidade, mas do fato de você possuir tanto a ponto de desejar compartilhar. Um novo tipo de felicidade surgiu em seu ser, a partilha, e você nunca antes havia tido consciência dele, porque sempre esteve implorando por ele.

Quando se compartilha, o problema do apego não existe.

Você flui com a vida, flui com a dinâmica dela, pois não importa com quem você compartilha. Pode ser a mesma pessoa amanhã, a mesma pessoa por toda a vida ou podem ser pessoas diferentes.

Não é um contrato, não é um casamento; é simplesmente devido à plenitude que você deseja dar. Então, o que quer que aconteça ao redor, você dá. E dar é uma imensa alegria. No mundo dos hábitos, tudo é repetição. No mundo da consciência, não há repetição.

Na vida, tudo o que é significativo é ilógico.

Ninguém inteligente está interessado em dominar os outros. Seu interesse primordial é conhecer a si mesmo. Portanto, o tipo mais elevado de inteligência se direciona ao misticismo, e o tipo mais medíocre vai atrás do poder. Esse poder pode ser em termos materiais, políticos, financeiros, pode ser o domínio espiritual de milhões de pessoas etc. E o impulso básico é o de dominar cada vez mais gente.

Esse desejo surge porque você não conhece a si próprio e não quer saber desse fato.

Você tem tanto medo de se conscientizar da ignorância que permanece no centro de seu ser, foge dessa escuridão utilizando vários métodos: deseja dinheiro, poder, respeitabilidade, honra. E alguém que possui a escuridão dentro de si é capaz de fazer qualquer tipo de coisa destrutiva.

A criatividade é impossível para uma pessoa assim, pelo fato de estar consciente, ligeiramente alerta e possuir luz, amor. A criatividade não está absolutamente interessada em dominar alguém... Por que iria querer? O outro é o outro. Você não quer dominar ninguém, como não quer ser dominado por outrem. A liberdade é o próprio sabor de estar alerta apenas o suficiente.

No ato de confiar, tudo o que é belo no amor está implícito. "Confiança" talvez seja a palavra mais bonita. E a confiança está tão próxima da verdade que, se for plena, neste exato instante ela se tornará sua verdade, uma revelação, uma revolução.

A liberdade é seu florescimento, seu lótus que se abre no sol da manhã. E, a menos que isso aconteça, você não pode encontrar contentamento, realização, aquela paz que se sente ao retornar para casa.

E todo mundo carrega a própria casa dentro de si.

Você não precisa ir a lugar algum; precisa parar de sair, de modo que consiga permanecer onde está, que permaneça de fato como é.

Simplesmente seja. E, nesse silêncio absoluto do ser, estarão ocultos todos os mistérios da vida.

Não busque uma casa, porque ela não existe.
Busque a si mesmo, porque aí, sim, existe um lar!

O amor o ajuda a chegar a um lugar onde acreditar é possível. Sem amor, essa confiança não é possível. O amor é quase uma ponte, que pode erodir a qualquer momento, mas ainda assim permanece uma ponte. Se puder usá-lo, ele poderá levá-lo a confiar; porém, sem ele, você não alcança diretamente essa confiança.

Portanto, o amor é uma necessidade, mas, por si só, não é suficiente. Seu uso é um meio; o fim é o estado de crer.

No instante em que confia no desapego, no instante em que para de lutar contra a vida, você não precisa se preocupar com nada. A própria vida cuida.

Todo o problema da mente humana é que ela está constantemente lutando, tentando ir contra a corrente. E existe uma razão para isso: apenas indo contra a corrente o ego é preenchido. Apenas seguindo o fluxo, sem nenhuma resistência, deixando a vida levá-lo aonde ela quiser, seu ego desaparecerá.

Então você será mais do que é agora – mais autêntico, mais verdadeiro –, porque não haverá qualquer sentido de "eu". E assim estará capacitado a perceber aonde está indo.

Até mesmo o caminho que é criado à medida que você se move poderá ser visto por quem não possui ego. Você chega a ver as pegadas dos pássaros voando no céu. Eles não deixam nenhum rastro. Mas, quando a mente está livre do ego, todo o ser se torna um espelho tão limpo que até essas pegadas se refletem nele.

De uma coisa eu sei: a vida não tem um objetivo, e eu, sendo parte da vida, não posso contar com nenhum objetivo.

No momento em que tem um objetivo, você se isola da vida. É como uma pequena gota de orvalho tentando lutar contra um oceano. Desnecessário é o problema, sem sentido é a batalha.

O amor é lindo, mas está sempre mudando. É bonito, mas não confiável. Hoje está ali, amanhã já se foi. O amor é mais vantajoso que a confiança, mais natural que a confiança; no entanto, ela é de uma qualidade superior.

Nos dicionários, o significado da palavra "confiança" é, em certa medida, distorcido. Confiar em alguém que é confiável, algo mais objetivo: porque o ser humano é confiável, você confia nele. Não é uma qualidade sua, mas da outra pessoa, da qual a confiança depende. E, como raramente existem pessoas confiáveis por perto, milhões de pessoas esqueceram o que significa confiança, não há oportunidade de isso acontecer. Há necessidade de pessoas de confiança e não existem tais pessoas em lugar algum.

Ninguém confia em ninguém; por isso, "confiança" se tornou uma palavra árida, sem vida, sem sabor.

Quando emprego "confiança", é algo totalmente diferente: não quero dizer que você acredita em alguém confiável. Isso não é confiança. O ser humano é digno de confiança, por isso não se trata de mérito seu. Quando digo "confiar", digo a despeito de o ser humano ser ou não confiável. Ou seja, confiar de fato, ainda que ele não seja digno de confiança e, então, confiar... Só então você encontrará pela primeira vez algo novo em sua consciência. E então a confiança se tornará um fenômeno de muita iluminação, muito mais superior que o amor, porque ela nada necessita do outro.

Apenas um ser independente, totalmente autônomo, vivendo em liberdade, alcança a experiência da verdade.

A confiança não é competitiva, por isso não existe o ciúme. Você pode confiar em mim, milhões de pessoas podem confiar em mim. Na verdade, quanto mais pessoas confiarem em mim, mais feliz você ficará. Você se regozijará por tantas pessoas confiarem em mim. Não é assim com o amor.

Quando você diz "eu te amo", existe um movimento sutil de possessividade. De maneira implícita, depreende-se que "agora você é minha posse, ninguém mais deverá amá-lo".

No âmbito da confiança, não se trata de possuir a pessoa em quem se confia. Pelo contrário, você está dizendo: "Por favor, me possua. Me destrua enquanto ego. Ajude-me a desaparecer e me dissolver em você para que não haja resistência em seguir contigo".

O amor é uma luta constante, uma batalha.

O amor exige.

"Eu te amo" significa "você também tem que me amar". Na verdade, eu te amo apenas porque quero que você me ame. É uma simples barganha, daí o medo de que "você não deve amar mais ninguém, ninguém mais pode amar você, porque eu não quero que ninguém seja parceiro no meu amor, que compartilhe do meu amor".

A mente humana inconsciente continua pensando como se o amor fosse questão de quantidade, que existe determinada quantidade de amor: "Se eu te amo, então você deve possuir toda essa quantidade". Se eu amo algumas outras pessoas, então a quantidade será dividida, você não terá a íntegra desse amor.

Daí o ciúme, a desconfiança, o conflito, o aborrecimento com tudo aquilo que é horroroso, que se segue por trás de uma bela palavra, "amor".

Quando existe confiança, não há briga. Existe entrega real. Quando você diz "eu confio em você", significa: "A partir deste momento, minha luta com você cessa. Agora eu sou seu".

Confiança é certamente um valor mais elevado que amor. Na confiança, o amor está implícito; no amor, a confiança não está. Quando você diz "eu confio em você", entende-se que você ama.

Mas, quando diz que ama, a confiança não está implicada. De fato, seu amor é muito suspeito, pouco confiável, repleto de medo, sempre em guarda, vigiando a pessoa amada. Amantes tornam-se quase detetives que espionam um ao outro.

O amor é lindo se surge como parte da confiança, porque a confiança não pode existir sem o amor.

Em vez de ir atrás de algo, procure aquele que busca. Encontrando o buscador, de repente você descobrirá que a totalidade da vida é seu lar; onde quer que se encontre, você estará em casa.

Apenas descobrindo a si mesmo, você descobre que a vida como um todo é sua casa.

É verdade que, ao dizer "eu te amo", não há entrega, não significa uma disposição para uma fusão. Não é uma disponibilidade que conduz a terrenos desconhecidos e incognoscíveis. Quando diz "eu te amo", você permanece igual, e há certa agressividade nessa igualdade.

Mas, quando diz "eu confio em você", há uma profunda rendição, uma abertura, uma receptividade, uma declaração para si mesmo e para o Universo: "Agora, mesmo que essa pessoa me leve ao inferno, estarei bem. Eu confio nela. Se isso parece um inferno para mim, deve ser por minha falta de visão. Ela não me levaria lá".

Ao confiar, você sempre identificará falhas em si mesmo.

No amor, você sempre encontrará defeitos naquele por quem está apaixonado.

Na confiança, você está sempre, mesmo sem falar, num estado de indulgência: "Sou ignorante, sou preguiçoso, sou inconsequente. É possível que eu esteja dizendo algo errado, fazendo algo errado, então seja piedoso comigo, tenha compaixão por mim".

A confiança envolve muita coisa. É um tesouro.

O mundo do "mais" é o mundo do ser humano comum. O mundo do não precisar ir mais atrás nem de ter nenhum objetivo à frente, mas apenas olhar o momento em que se encontra, quem você é e mergulhar dentro da realidade de sua consciência é a única revolução, a única religião, e a única espiritualidade que existe.

A Terra é um todo extraordinário, único. Deveríamos estar orgulhosos de nosso planeta, neste vasto Universo, onde existem milhões de sistemas solares possuindo milhões e milhões de planetas... Nosso planeta foi o único que evoluiu – não somente em vida, não apenas em consciência, mas produzindo até mesmo o florescimento máximo da consciência em pessoas como Gautama, Buda, Lao Tzu, Tilopa e muito outros.

Deveríamos estar orgulhosos do planeta Terra.

Apenas alguém que não faz julgamentos consegue extrair a essência da vida em sua totalidade. Nunca está infeliz. Aconteça o que acontecer, vai encontrar maneira de aproveitá-la.

E nisso está toda a arte da vida: encontrar uma maneira de se deleitar com ela. Mas a condição fundamental precisa ser lembrada: não faça escolhas. Você só pode ficar sem escolhas se estiver alerta, atento, vigilante; caso contrário, vai recair sobre uma escolha.

A vida certamente é uma arte, a melhor das artes – para a qual a fórmula mais eficiente é o estado de atenção sem escolha, que pode ser aplicado em todas as situações, todos os problemas.

Quando digo que, à exceção do ser humano, tudo vive a verdade – o oceano, as nuvens, as estrelas, as pedras, as flores –, que isso tudo não é nada mais que a verdade, nada além de si mesmo, sem máscaras, e que apenas as pessoas são capazes de enganar a si mesmas e às outras, é preciso lembrar que essa é uma grande chance. Isso não deve ser condenado, deve ser elogiado, pois, mesmo que uma roseira ou uma flor de lótus desejasse mentir, ela não poderia. Sua verdade não é liberdade, sua verdade é uma escravidão. Ela não pode ir além de seus limites.

O ser humano tem a prerrogativa, o privilégio de poder ser falso. Isso significa que tem a liberdade de escolher. Se escolhe ser verdadeiro, ele não está escolhendo a submissão, está escolhendo a verdade e a liberdade. A liberdade é um privilégio. Em toda a vida, ninguém mais possui essa liberdade. Entretanto, surgem perigos quando existem oportunidades.

Quando tem liberdade, você pode errar.

Nenhuma rosa pode errar, nenhuma pedra pode errar. Você, sim, sujeita-se ao erro; portanto, é necessário permear uma profunda consciência de cada ato, de cada pensamento, de cada sentimento.

Apenas o ser humano precisa buscar a verdade; todo o resto já conseguiu, entretanto, sem a glória da liberdade. É preciso buscar essa verdade e a encontrar; nessa própria busca e descoberta, você já é glorioso, é a própria coroa da vida.

O sofrimento não passa de uma escolha. Você escolhe a experiência do amor, a sensação de êxtase, mas, ao fazer isso, será pego num processo natural. Você vai se apegar a esses sentimentos que não são permanentes; eles fazem parte de uma roda em movimento.

Assim como o dia e a noite: se escolhermos o dia, o que se pode fazer para evitar a noite? A noite virá. Ela não acarreta o sofrimento, é sua escolha do dia em oposição à noite que cria o sofrimento.

Toda escolha está fadada a acabar num estado de sofrimento.

A ausência de escolha é a bem-aventurança.

E ser sem escolha é deixar-se levar.

Isso significa que chega o dia, chega a noite, vem o sucesso, vem o fracasso, chegam os dias de glória, vêm os dias de condenação, e, como você nada escolheu, o que quer que venha está correto, está sempre bom para você.

Lentamente perceberá uma distância crescendo em si mesmo: o círculo continuará se movendo, mas você não será mais pego nele. Não importará se é dia ou noite. Você está focado; não está se apegando a outra coisa, não está criando seu centro em outro lugar.

A questão toda é se você pode viver sem qualquer escolha. O que quer que venha, aproveite. Quando isso se for, outra coisa surgirá. Aproveite isso. O dia é lindo, e a noite é linda à própria maneira, então por que não desfrutar de ambos? Mas você só aproveitará os dois se não estiver apegado a nenhum deles.

Uma vez que aceita a vida em sua totalidade, incluindo a morte, a morte já não se coloca contra a vida, apenas como um colaborador, semelhante ao sono. Sua vida é eterna, estará lá para sempre, mas o corpo não é eterno, ele precisa ser trocado. Torna-se velho e, então, é melhor ter um corpo novo, uma nova forma, em vez de se arrastar no antigo.

Creio que alguém compreensivo não terá problema com isso. Terá certa clareza para perceber isso – e, assim, os problemas se desfazem. Um profundo silêncio fica para trás, um silêncio de grande beleza e de grande bênção.

A verdade é a maior transgressora.

Conhecimento emprestado é ignorância. Experimentar a verdade faz com que você não seja um conhecedor, mas uma pessoa humilde. Quanto mais você conhece, menos afirma ser conhecedor das coisas. No dia em que compreende isso a fundo, a única coisa a dizer é: "Sou um completo ignorante, sou uma criança colecionando conchas do mar na praia. Eu não sei nada".

"Eu não sei" somente pode ser dito por aquele que compreendeu perfeitamente.

As pessoas que dizem "nós sabemos" são ignorantes, mas suas memórias estão repletas. E estão mortas, porque não deram à luz nenhuma experiência própria.

Para mim, ser natural é ser espiritual. Meu esforço é para criar um ser humano natural, sem culpa, que aceite todas as suas fragilidades, os seus fracassos, pois o ser humano é propenso a ser assim.

É nessa profunda aceitação do estado natural de seu ser que se encontra a semente da transformação.

Construímos a vida repleta de coisas materiais, ações terrenas, porque não conhecemos um simples segredo a transformar a qualidade de tudo o que fazemos.

E lembre-se: se você não conhece o segredo da transformação, cercado de coisas materiais você também se torna materialista, a menos que possua uma consciência que o torne espiritualizado e santificado, o que vai transformar tudo aquilo que fizer nessa mesma categoria em que se encontra.

Então, aquilo em que você tocar vai se tornar sagrado.

O que quer que faça se tornará santificado.

A natureza não é angustiante, é felicidade plena. Não é ansiedade, dor, sofrimento. É amor, é alegria. É uma celebração constante.

Nós viemos da natureza, somos parte dela, herdamos as mesmas qualidades dela em nossa consciência.

Ao sentir a vida de forma imediata – sem nenhum mediador, sem qualquer entendimento de terceiros –, você experimenta algo que o transforma, que o torna iluminado, desperto, que o leva ao mais alto nível de consciência.

Não existe realização maior que essa. Não existe dimensão maior de contentamento nem quietude mais profunda que essa. Você chegou em casa.

Então, a vida se torna uma alegria, uma música, uma dança, uma celebração, e eu chamo essa vida de religiosa.

É necessário que o indivíduo seja criado sem nenhum sistema de crenças religiosas, sem nenhuma ideologia política. Sua educação seria apenas para aprimorar inteligência, para que um dia ele encontre a própria verdade.

E lembre-se: se a verdade não for sua, não é verdade. Para ser verdade, tem que ser sua, sua própria experiência não pode ser emprestada de alguém.

Qualquer objeto de beleza, qualquer coisa que o remeta ao desconhecido, criará um desejo, um desejo por algo que você não compreende. Não há como saber o nome do que deseja, porque não se trata de algo material.

Ouvindo uma música bonita, assistindo ao pôr do sol, simplesmente observando um pássaro voar, admirando lindas rosas ou mesmo sentado em silêncio, uma dor agradável pode surgir.

Esse anseio é por querer tornar-se uno com esse estado, para que ele não seja algo passageiro, que vem e vai, mas algo que permaneça com você, que se torna você.

A mesma música que era agradável hoje pode não ser amanhã, pode ser entediante depois de amanhã. Portanto, não é a música, é outra coisa que se vê desencadeada em você que o faz ansiar unir-se a essa paz, ser a música, possuir toda a beleza da vida – e para sempre.

É um anseio espiritual, um anseio por algo que está além, além de todas as experiências efêmeras, um anseio de parar o tempo e se fixar no aqui e no agora, neste momento, eternamente.

Essa é a verdadeira religiosidade.

Deus pode morrer, as religiões podem desaparecer, mas a religiosidade é algo entrelaçado à própria existência. É a beleza de um nascer do sol, é a beleza de um pássaro em voo. É a beleza de um lótus florescendo. É tudo aquilo que é verdadeiro, tudo o que é sincero e autêntico, tudo o que é amoroso e compassivo.

A religiosidade inclui tudo que o conduz ao alto, que não o faz estagnar, algo que sempre o lembra que ainda há muito a percorrer. Todo lugar de repouso é apenas um descanso para a noite; pela manhã retornamos à peregrinação. E essa é uma peregrinação eterna.

Quero que todos se tornem ciganos da vida. Vocês não precisam de raízes, vocês não são árvores.

Vocês são seres humanos.

Confiança significa simplesmente que, aconteça o que acontecer, nós estamos com ela, com alegria. Não de maneira relutante ou por má vontade – porque isso a faria perder sua dimensão maior –, mas junto a ela, como numa dança, com música, com sorriso, com amor.

O que quer que aconteça é para o bem. A vida não pode dar errado. Se ela não satisfaz nossos desejos, significa que nossos desejos estavam equivocados.

A maior necessidade humana é sentir-se útil. Se alguém lhe pede ajuda, você se sente gratificado. Mas, se toda a existência precisa de você, então não há limite para sua felicidade. E essa existência precisa tanto de uma pequena folha de grama quanto da maior estrela; não é questão de desigualdade.

Ninguém pode substituí-lo. Se você não estiver lá, a vida será um pouco mais pobre e nunca estará preenchida. Esse sentimento de que toda essa imensa existência está precisando de você leva embora seus sofrimentos.

Pela primeira vez, você voltou para casa.

A evolução está tentando, através da humanidade, alcançar o ponto máximo da consciência. Algumas pessoas chegaram a esse nível e são provas de que todos podem alcançá-lo, basta um pequeno esforço, um pouco de sinceridade, uma breve busca.

Tudo está indicando que o modo como você vive não é suficiente, o que você está fazendo não é tudo, que sua vida existencial é apenas superficial; e sua vida real permanece, na maioria dos casos, intocada. As pessoas nascem e estão vivendo e morrendo sem compreender quem são.

Toda a vida é silenciosa. Se você também puder ficar em silêncio, acessará essa consciência que se encontra dentro de você. Então, a vida se tornará uma felicidade, uma alegria a cada momento, um infindável festival de luzes.

A verdadeira oração é única, e isso significa viver de maneira a se sentir grato pela vida. A vida lhe deu uma oportunidade não solicitada, nunca merecida e, ainda assim, você a recebeu. E você floresceu em milhares de flores, deixando o mundo com a fragrância da gratidão.

Aja de maneira mais consciente, e estará se aproximando cada vez mais de um virtuosismo que só pode ser chamado de santidade – não de Deus nem de alguma pessoa, mas como certa qualidade, um perfume.

Aja inconscientemente, e estará se aproximando cada vez mais de algo que não pode ser personificado, como o diabo, mas que se denomina como essência da maldade.

A mente inconsciente se comporta de maneiras erradas; a mente consciente se comporta da maneira correta.

E a única religião que existe é a arte de transformar a mente inconsciente em consciência, para não se ter a dualidade de consciente e inconsciente, e sim uma luz pura, uma consciência pura.

A partir dessa consciência, tudo passa a ser divino.

Esteja sempre pronto para mover-se do conhecido ao desconhecido, em qualquer coisa, qualquer experiência. É melhor mesmo que o desconhecido se revele como pior que o conhecido, não se trata dessa questão. Apenas da alternância do conhecido para o desconhecido, sua disponibilidade de passar do conhecido ao desconhecido é o que importa. Isso é imensamente valioso.

Lembre-se sempre de que o novo é melhor que o antigo.

Eu digo que, mesmo que tudo o que é antigo valha ouro, esqueça isso. Escolha o novo ouro ou o não ouro, não importa. O que importa é a escolha: sua escolha de aprender, experimentar, encarar o desconhecido.

A meditação é a única resposta para todas as questões do ser humano. Sejam elas sobre a frustração, sobre a depressão, sobre a tristeza, sobre não encontrar um sentido nas coisas, sejam sobre a angústia etc.; os problemas podem ser muitos, mas a resposta é uma só.

E essa resposta é a meditação.

Em todo o mundo há tentativas de criar uma sociedade humana harmoniosa, mas todas falharam pela simples razão de que ninguém se preocupou com o motivo de ela não ser naturalmente harmoniosa.

Não é harmoniosa porque cada indivíduo dentro de si está dividido, e suas divisões são projetadas na sociedade. A menos que dissolvamos as divisões internas do indivíduo, não existe possibilidade de se realizar uma utopia e criar uma sociedade equilibrada.

Portanto, o único caminho para a utopia é que a consciência aumente, e a inconsciência cresça menos, até que chegue um momento em que não reste mais nada no inconsciente: você seja simplesmente uma consciência pura. E, então, não há mais divisão.

Obviamente, no mundo, a ação é necessária, não a inação. Para qualquer sucesso, uma ação é necessária, não uma inação. Para cumprir qualquer tipo de ambição, é necessário agir. Desse modo, o mundo inteiro focou a parte ativa.

Mas a parte ativa cria tensões, angústias, tristezas. Mesmo que você alcance seu objetivo, vai descobrir que não obteve nada, que desperdiçou tempo e energia.

A parte ativa de sua mente não pode deixá-lo em um estado de silêncio, relaxamento, à vontade, em casa. Isso é impossível para a mente ativa.

É a mente inativa que pode lhe dar um lar para descansar, um abrigo e uma sensação maravilhosa de que não há nada a ser feito; que você é bom por ser o que é; que você já se encontra no objetivo almejado e, portanto, não precisa nem se mover.

O mundo pode chegar à harmonia se a meditação for disseminada por toda parte e as pessoas forem levadas a uma consciência de si mesmas. Essa será uma dimensão totalmente diferente.

Até agora, tratou-se de revolução. A questão era a sociedade, sua estrutura. Isso falhou repetidamente e de maneiras diversas. Agora é o indivíduo; não mais a revolução, mas a meditação, a transformação.

E isso não é assim tão difícil como se pode imaginar. É apenas questão de compreender a importância da meditação.

Portanto, é possível – e fácil – para milhões de pessoas tornarem-se indivisíveis dentro de si mesmas. Elas serão o primeiro grupo a vivenciar a harmonia. E seu equilíbrio, sua beleza, sua compaixão, seu amor, todas as suas qualidades, tudo isso estará destinado a ressoar pelo mundo.

Eis algo fundamental de se compreender: a verdade só pode ser alcançada a partir da própria experiência individual. Não existe outra forma.

Mentiras você pode obter em abundância, todos os tipos de mentiras, de cores, formas e tamanhos variados, o que preferir. Elas estão disponíveis e são ajustáveis. Não precisa se ajustar a elas, elas se ajustam a você. É muito fácil, são feitas sob medida.

A verdade já é uma questão totalmente diferente.

Você terá de se adaptar a ela. A verdade não reconhece qualquer tipo de acordo. Você deve mudar em função dela, passando por uma transformação.

Alguém de mente religiosa será religioso em suas ações, suas relações, seus pensamentos, seus sentimentos. Não precisa de uma igreja, sinagoga nem templo. O que se faz necessário é uma clareza de visão, um silêncio do coração, uma experiência do próprio ser, porque isso o tornará consciente de que o mundo inteiro é divino; de que tudo o que existe está em diferentes estágios de evolução, mas possui o potencial da vida e o potencial da consciência.

A mente não compreende os três tempos. Conhece apenas dois: o passado e o futuro. O presente não existe para ela, o que existe, de fato, é não existencial para a mente; e o não existencial é existente para ela.

Daí que todo esforço é no sentido de como sair da mente, como sair do não existencial e ficar no intervalo em que a existência se encontra.

Como estar no presente? Essa é a estratégia da meditação. E, se você se encontra no presente, a iluminação é o resultado.

A humanidade está em perigo constante. No fim deste século, se tivermos sobrevivido, será um milagre.

Todas as artes têm origem na meditação e todas se afastaram muito dela, o que é um desastre. Em vez disso, todo artista, qualquer que seja sua arte, deveria encontrar um caminho voltado à meditação. Mas esse não parece ser o rumo.

Pelo contrário, a maioria dos artistas modernos – músicos, dançarinos, poetas, pintores, escultores –, em vez de chegar à meditação, acaba na loucura, que é o outro extremo. E a razão disso é que, em suas origens, os espaços vazios eram considerados importantes, não as palavras. Com o passar do tempo, porém, as palavras se tornaram mais relevantes que os vazios.

Nenhum indivíduo que pratique meditação comete suicídio ou enlouquece, pela simples razão de que ele segue na direção de um maior equilíbrio, uma harmonia interior maior, e numa perspectiva mais ampla, rumo a uma harmonia absoluta, que é o equilíbrio da não mente.

E alcançar a não mente é alcançar tudo.

Não há nada além disso, porque ali é paz, é silêncio, é bem-aventurança.

A não mente é santidade, é imortalidade, é eternidade.

A psicologia ocidental ainda está vagando pelas raízes. Nem sequer tocou nas folhagens, nas flores, nos frutos. Não se trata de não ter alcançado esse estado de não mente; ela nem sequer foi capaz de perceber a totalidade da mente. E, sem conhecer a mente inteira, não se pode saltar para a não mente.

A não mente é realização.

A não mente é iluminação.

A não mente é libertação.

Os cientistas nunca serão capazes de compreender a profundidade abissal, a escuridão, a parte misteriosa da própria mente.

Se existe apenas uma ciência, só pode haver uma religião. Se uma ciência é suficiente para explorar o mundo objetivo, uma religião é suficiente para explorar o mundo interior dos seres humanos; e essa única religião não precisa ser acompanhada de nenhum adjetivo (cristã, hindu, taoísta ou outro qualquer).

Assim como a ciência é simplesmente ciência, a religião é simplesmente religião.

Na verdade, para mim, existe apenas uma ciência, com duas dimensões: uma dimensão atuando no mundo exterior, a outra, no mundo interior. Podemos até nos livrar da palavra "religião".

Esta é uma regra fundamental na ciência, a de que deve se usar um mínimo de hipóteses. Então por que usar duas palavras? Uma é suficiente. E "ciência" é um termo bonito; significa "saber".

Conhecer o outro é um aspecto, conhecer a si mesmo é outro aspecto; e "saber" abrange ambos.

Se estiver pronto para abrir uma nova porta em seu ser, se estiver preparado para ouvir aquilo que vem do coração, então o que quer que eu diga será tão simples que não há necessidade de acreditar nisso, porque não há como não acreditar. É tão simples que não há como duvidar.

Por isso, sou contra a crença, pela simples razão de que, para todos os meus ensinamentos, não há necessidade de crença. Sou inteiramente a favor da dúvida, por isso meus ensinamentos são simples e não se pode duvidar deles.

Nossos condicionamentos não permitem que sejamos parte da natureza. Eles, desde o princípio, nos ensinam que temos de ser algo maior que ela; que sermos parte da natureza é sermos animais, que temos de ser "sobrenaturais".

E isso parece lógico. Todas as religiões têm ensinado isso, que ser humano significa estar acima da natureza. E, por séculos, convenceram a humanidade a colocar-se como superior.

Ninguém conseguiu sobrepujar a natureza. Tudo o que se conseguiu foi destruir sua beleza natural, espontânea, sua inocência.

Eu gostaria de dizer que apenas uma coisa ajuda a definir um verdadeiro mestre: sua presença, que pode fazer com que sua mente adormecida repentinamente desperte, que pode inflamá-lo. Pode fazê-lo florescer em milhares de flores em um único instante. E esse momento se torna tão intenso que se assemelha à eternidade. Essa é a única maneira de se convencer de que qualquer outra coisa não faz sentido.

Duas pessoas pensando são duas; duas pessoas não pensando são uma só, porque não há distinção, não há limite entre elas, ambas estão no mesmo estado.

Havendo pensamentos, isso muda, elas criarão uma ruptura. Mas o não pensar não possui limites nem nenhuma separação, nenhuma diferença.

Dois seres humanos inocentes são um só.

Quando uma pessoa adulta se torna criança novamente... Existe uma diferença entre as crianças comuns e aquelas que renascem. A criança comum é inocente porque é ignorante, enquanto a inocência daquela que renasceu é o maior valor na vida, porque não é ignorância, é pura inteligência.

A inocência sozinha se torna ignorância.

A inteligência sozinha se transforma em esperteza.

Em conjunto, não são nem ignorância nem esperteza, mas uma disponibilidade, uma abertura... um coração capaz de se maravilhar com as coisas mais simples da vida.

E o ser humano que conhece esse sentimento de fascínio, para mim, é o verdadeiro religioso. É por essa perplexidade que ele vem a compreender que a existência não é apenas matéria, não pode ser assim. Essa não é uma conclusão lógica para ele, uma crença para ele, mas uma experiência real. E uma experiência tão bela, tão misteriosa e tão incomensurável indica uma imensa inteligência por trás.

Porque a existência não é astuta. É muito simples, é inocente.

Portanto, se o indivíduo puder manter estas duas qualidades – inocência e inteligência – juntas, não necessitará de mais nada. Elas o levarão ao objetivo da autorrealização.

A mente vê as coisas em preto e branco, nada no meio. Dia e noite, nada no meio. Vida e morte, nada entre elas. Amor e ódio, nada entre eles.

A mente simplesmente divide, corta, separa uma coisa em duas realidades polarizadas, separadas. Ela as torna tão contraditórias que parece impossível haver maneira de não serem separadas, de se tornarem uma única realidade.

A mente assimilou apenas os dois extremos de uma realidade. É assim que opera. Em termos lógicos, o amor e o ódio são opostos, contraditórios, mas existencialmente isso não é verdade. O amor pode mover-se com facilidade para o ódio, sem qualquer barreira. O ódio pode mover-se para o amor tal como as ondas se movem para outras ondas, sem qualquer impedimento.

Nós imaginamos que a luz e a escuridão sejam duas realidades contraditórias. Isso não é verdade. Não há oposição. No máximo, podemos dizer que a luz é ausência de escuridão e a escuridão é ausência de luz. Porque precisamos utilizar algo que traduza apenas uma diferença de graus e que não crie qualquer contradição.

Vemos todos os dias a vida se mover em direção à morte, tão calmamente, tão silenciosamente, sem fazer alarido. Nem mesmo se podem ouvir os passos da morte. Não deve haver qualquer contradição. E aqueles que compreendem isso também conhecem o outro lado, aquela morte que segue se movendo para novas formas de vida. Todas as separações são artificiais; a vida é indivisível.

Uma vez que começamos a pensar de forma não separativa, em uma realidade única, que não se divide em dualidades, dicotomias, a cruz em nossa mente pode sumir. Ninguém mais pode crucificar você; você mesmo é o responsável, porque tem a possibilidade de deixar essa cruz de lado, tornando sua mente una.

Os pensamentos são os substitutos da consciência.

Isto é algo a ser lembrado: sempre que você experimenta algo para o qual não existe oposto, você retornou para casa.

Enquanto o oposto existir, você estará continuamente se fragmentando. Entre essas duas experiências, você será como uma bola rolando, às vezes se sentindo feliz, às vezes miserável, e nunca compreendendo que há algo além do belo e do deprimido. É por esse motivo que isso não se traduz em palavras, porque todas as palavras são dualísticas – caso contrário, não fariam sentido.

Essa é a natureza da linguagem: não se pode ter uma palavra sem existir seu oposto. Se não tem oposto, então a palavra não terá significado.

A experiência indescritível a que a confiança plena conduz não se refere a um relacionamento. É o início. Os dois desaparecem... tornam-se um círculo, um polo. E ela em geral chega sem qualquer aviso prévio, de repente, como uma brisa. Porém, uma vez que a tenha experimentado e percebido que todo esse amor e essa confiança parecem ser coisas pobres, você descobre a riqueza. Pode ser que tenha durado apenas alguns segundos, não importa.

O amor não é muito confiável, mas útil.

Use-o e passe para a confiança.

Mas a confiança também não é uma prova infalível.

Siga além.

Você não tem como cair, e não há como voltar atrás. É algo que compartilha da eternidade.

Experimentar este instante é, ao mesmo tempo, experimentar tudo o que aconteceu e o tudo o que acontecerá, porque tudo está contido no agora.

Ele contém todo o passado, pois para onde irá esse passado? Ele continua seguindo e entra no momento presente. E contém todo o futuro, porque de onde virá o futuro? Ele se desenvolve a partir deste momento, do próximo momento e do seguinte... e de toda a eternidade.

O instante presente é uma semente que contém todas as árvores do passado, gerações e gerações de árvores. Essa semente não veio do nada, mas a partir de uma árvore. Essa árvore veio de outra semente, que, por sua vez, veio de outra árvore. Se você retroceder, a semente o levará ao princípio, se é que houve algum. E ela tem estado aqui desde sempre.

Essa semente também contém as futuras árvores. A partir dela crescerá uma nova árvore, da qual virão milhares de sementes e milhares de árvores. Uma única semente pode tornar toda a terra verde; pode-se até dizer que é capaz de tornar todo o Universo verde, tamanha sua potência.

Acima do amor e da confiança existe um espaço que não é objetivo nem subjetivo, que simplesmente está lá.

Há muitas coisas na vida que não podem ser nomeadas, e elas são reais. Aquilo que pode ser nomeado é de uma qualidade mais baixa, de uma camada inferior.

Aquele espaço silencioso e inominável... contém amor, confiança e algo mais. E esse "mais" é algo imensamente vasto. Mas ele pode apenas chegar, não se pode trazê-lo.

O presente é uma semente do tempo. É invisível, e, por esse motivo, não sabemos o que ele contém. Ele contém todo o passado e contém todo o futuro.

É por isso que insisto: não pense no passado, não pense no futuro. Apenas permaneça no momento presente, e todo o passado e todo o futuro serão seus.

O desconhecido está continuamente entrando em seu mundo conhecido e o perturbando. Mas a perturbação só atrapalha porque você não o acolhe bem. Se aceitar o desconhecido e puder abandonar o conhecido...

É sempre o conhecido que se perturba pelo tempo, não o desconhecido. O desconhecido não se deixa abalar pelo tempo nem por qualquer outra coisa.

Se estiver pronto para receber o desconhecido, você compreendeu o segredo de permanecer vitorioso em todas as derrotas e todos os fracassos.

A escuridão possui um silêncio e uma profundidade. A escuridão tem a paz, e ela tira todo o seu conhecimento, tudo o que você pensou que lhe pertencia. Isso o leva ao desconhecido e ao misterioso.

Para mim, a escuridão é um dos maiores mistérios da vida, muito maior que a luz.

Aqueles que têm medo das trevas nunca serão capazes de entrar em seu ser. Eles darão voltas e voltas e nunca alcançarão a si mesmos.

E precisa ser a escuridão, não a luz, porque esta vem e vai; uma vez tendo descoberto o ponto escuro em si mesmo, você descobre algo que é eterno, indestrutível, que vai além daquilo que se conhece da vida. É a substância fundamental da qual é feita a vida.

Koan é um quebra-cabeça impossível; não há como resolvê-lo. É uma estratégia para cansar sua mente ativa de tal forma, que, por exaustão, ela vai ao chão; reconhece seu fracasso.

Nesses momentos, o foco pode ser movido com muita facilidade. Como a mente falhou, você pode seguir rumo à não mente.

Foi por determinada razão que os místicos chamaram a meditação de "não mente", porque, ao chamá-la de meditação, outra vez a mente cria um objetivo. Portanto, você tem que alcançar a meditação. E, assim, não faz diferença se o objetivo era a iluminação ou a meditação; o objetivo permanece, o futuro permanece, e segue destruindo o presente.

Os místicos que mudaram pela primeira vez de "meditação" para "não mente" tiveram uma percepção tremenda. Agora a não mente não pode ser um objetivo. A mente não pode fazer disso uma meta. É absurdo: como a mente pode fazer um objetivo de não mente? Ela dirá que isso não é possível, a mente é tudo, não existe a não mente.

Essa era uma estratégia para não permitir que você a tornasse sua meta. Pouquíssimas pessoas compreenderam a estratégia, por isso a chamaram de não mente, a fim de impedir que a mente a tornasse uma meta.

Portanto, permaneça cada vez mais em um estado de não mente.

Continue removendo memórias, fantasias, para limpar cada vez mais o momento presente. Então, à medida que se aprofundar, à medida que se tornar mais capaz de não mentalizar, a iluminação virá.

Assim como o amor funciona como meio para confiar, a confiança funciona como meio para algo além do qual não existe palavra em nenhuma língua. É uma experiência. Não é questão de amor, não é questão de confiança, mas algo absolutamente desconhecido para o racional.

O amor e a confiança ajudam-no a chegar a isso.

Portanto, lembre-se: eles são apenas meios para um fim, para o qual não existe nome. E, quando a confiança é total, você pode vislumbrá-la.

É avassalador; você simplesmente desaparece.

A verdade não pode ser dita; por isso, o que quer que se diga vai ser uma bela mentira, que diz levar à verdade.

Sim, faço distinção entre as mentiras: mentiras lindas e mentiras feias. Mentiras feias são as que o afastam da verdade; mentiras lindas que o aproximam da verdade. Mas, no que diz respeito à qualidade, ambas são mentiras.

Ainda assim, essas belas mentiras funcionam; por isso, de alguma forma, elas compartilham do sabor da verdade.

O verdadeiro sumo da vida está dentro de cada pessoa. Neste preciso momento, você pode se transformar, olhar para dentro de si mesmo. Nenhuma adoração é necessária, nenhuma oração é necessária. Basta uma viagem silenciosa a seu próprio ser.

Eu chamo isso de meditação, uma peregrinação silenciosa rumo ao próprio ser.

Então, no momento em que descobre seu próprio centro, você encontrou o centro de toda a vida.

O extremista é sempre um egoísta.

Em certos momentos você está mais consciente; em outros, menos. Ou seja, é possível criar situações para estar mais consciente.

É por isso que a percepção se tornou a base da meditação. E com essa consciência veio a surpresa de que, à medida que se torna consciente, seus pensamentos desaparecem. Quando está plenamente atento, não há pensamentos e, de repente, o tempo cessa.

Como chegar a uma morte natural vivendo uma vida não natural?

A morte é a opinião dos outros sobre você.

Somente quem está desperto pode morrer de morte natural; caso contrário, nenhuma morte é natural, porque todas as vidas são antinaturais.

A morte é o ponto culminante, o ápice da vida. Ela não é contra a vida, ela não destrói a vida.

Para morrer lindamente, é preciso viver lindamente.

Para morrer de forma maravilhosa e em euforia, em êxtase, o indivíduo precisa se preparar durante a vida inteira para esse êxtase, essa euforia, essa perplexidade.

Quando digo que é preciso desaparecer para a realização do supremo, não me refiro a você; refiro-me àquele você que não é você. Refiro-me ao você que você pensa que é.

O você que você percebe quando se torna uno com a vida não é o velho você. Esse era sua personalidade, e essa agora é sua individualidade. Aquela foi dada pela sociedade, e esta é a natureza, a realidade, o dom da vida.

A verdade não é um objeto a ser descoberto em algum lugar, quando estiver em silêncio. A verdade é sua subjetividade.

Apenas tente compreender. Você está ali, e o mundo está ali: tudo o que você vê é um objeto, mas quem está vendo é o sujeito. No silêncio, todos os objetos desaparecem, e você possui todo o infinito, e apenas o silêncio. Está preenchido pela consciência, pela presença, está pleno de seu ser. Portanto, não encontrará nada como a verdade, porque isso a transformaria num objeto – e a verdade nunca é material.

A verdade é subjetividade.

Descobrir sua subjetividade, livre de qualquer obstáculo, sem ser afetada por nada, em total e infinita eternidade, isso é a verdade.

Presenciar é encontrar seu espelho interior. Depois de encontrá-lo, os milagres começam a acontecer.

Quando você está simplesmente testemunhando seus pensamentos, os pensamentos desaparecem. De repente, ocorre um profundo silêncio que você nunca vivenciou. Quando está assistindo a estados de ódio, tristeza, felicidade, eles subitamente desaparecem, e um silêncio ainda maior é experimentado.

E, quando não há o que observar, então a revolução: a energia que testemunha se volta sobre si mesma, porque não há nada que a impeça, não há mais qualquer objeto.

A palavra "objeto" é linda. Significa aquilo que o impede, "objetos". Quando não há nenhum objeto para presenciar, ele se volta sobre si mesmo, para a fonte, e este é o momento em que o indivíduo se torna iluminado.

Iluminação é reconhecer seu ser, reconhecer a eternidade de seu ser, reconhecer que nunca houve morte nem há qualquer outra morte, que a morte é uma ficção.

Ver o próprio ser em sua total nudez, sua absoluta beleza, sua grandeza, seu silêncio, seu contentamento, seu êxtase, e tudo o que está envolvido na palavra "iluminação".

Uma vez experimentada essa essência, a mente começa a perder o controle sobre você, porque você descobriu algo que é qualitativamente bem superior, que preenche muito, um contentamento tão vasto que a mente sente que sua função está finalizada.

A mente parece ruim porque só lhe tem dado sofrimento, preocupações, ansiedades. Qual tem sido a contribuição dela? E seu controle vai se afrouxando, ela começa a se esconder nas sombras e, aos poucos, desaparece.

Você continua a viver, mas agora sua vida é de momento a momento; e o que você obtém como resultado dessa pequena lacuna da não mente continua a crescer. Não há fim para esse crescimento.

A iluminação só começa, ela nunca termina.

Não estou tentando lhe dar nenhuma lição de se tornar isso ou aquilo. Estou apenas tentando ajudá-lo a ver que você já é e o que precisa ser.

Abandone todo anseio, todo desejo, toda ambição de ser outra pessoa para que possa ser exatamente aquilo que você é.

Eu não quero desviá-lo de seu ser. Eu quero chegar cada vez mais perto dele para que, enfim, apenas você esteja com você mesmo.

O desejo como tal é sempre não espiritual. Não existe qualquer desejo espiritual.

O ser humano é a maior experiência da vida. Neste vasto e infinito Universo, apenas nesta pequena Terra, foi que a vida se mostrou capaz de produzir uma humanidade com o potencial de se tornar totalmente consciente.

A vida espera muito de você.

Para maiores informações:
www.OSHO.com
No site multilíngue, você encontra revista, livros e palestras de Osho em formato de áudio e vídeo, o arquivo de texto da Biblioteca OSHO em inglês e hindi e informações detalhadas sobre as Meditações do OSHO. Você também encontrará a programação da OSHO Multiversity e informações sobre o OSHO International Meditation Resort.

Sites e redes sociais:
http://OSHO.com/AllAboutOSHO
http://OSHO.com/Resort
http://www.youtube.com/OSHOinternational
http://www.Twitter.com/OSHO
http://www.facebook.com/pages/OSHO.internacional

Para entrar em contato com a OSHO International Foundation:
www.osho.com/oshointernational
oshointernational@oshointernational.com

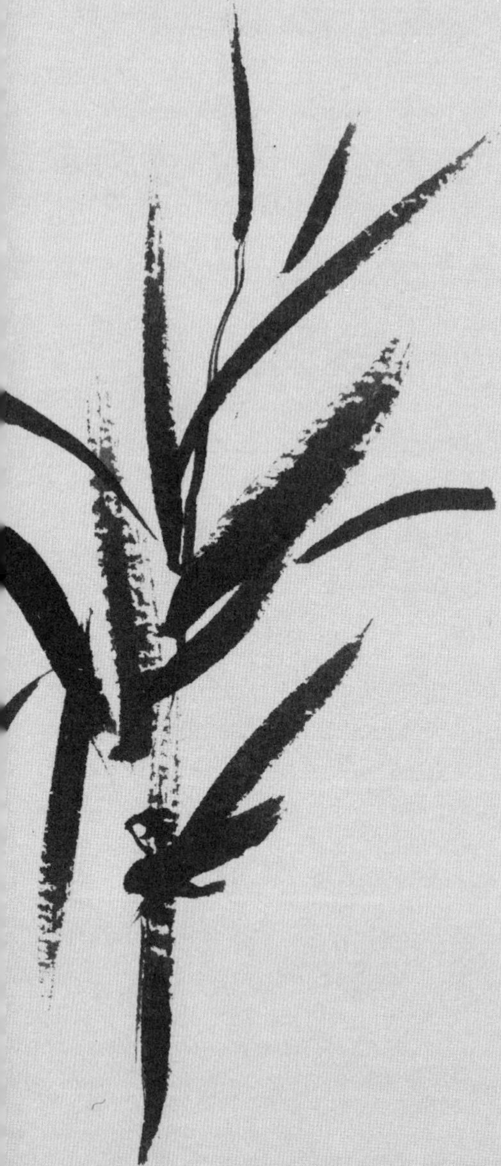

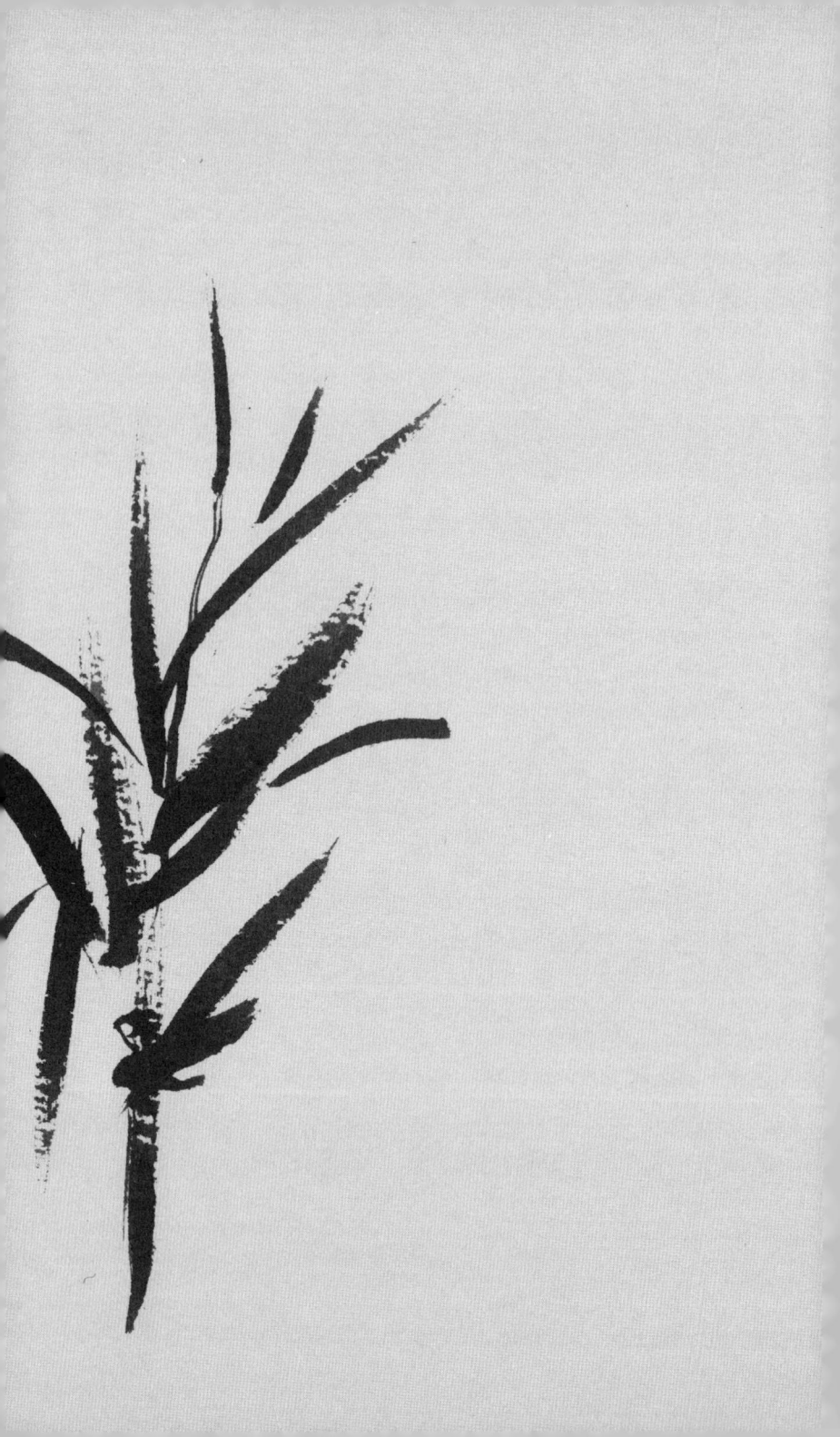

SOBRE OSHO

Osho desafia a categorização. Suas milhares de palestras abrangem todos os temas, desde a busca individual de significado até as questões sociais e políticas mais urgentes que a sociedade enfrenta hoje. Os livros de Osho não são escritos, mas transcritos de gravações de áudio e vídeo de suas palestras extemporâneas para audiências internacionais. Como ele diz: "Portanto, lembre-se: tudo o que estou dizendo não é apenas para você... estou falando também para as gerações futuras". Osho foi descrito pelo *Sunday Times* de Londres como um dos "1.000 criadores do século 20" e pelo autor norte-americano Tom Robbins como "o homem mais perigoso desde Jesus Cristo". O *Sunday Mild-Day* (Índia) selecionou Osho como uma das dez pessoas – com Gandhi, Nehru e Buda – que mudaram o destino da Índia. Sobre seu próprio trabalho, Osho afirmou que está ajudando a criar as condições para o nascimento de um novo tipo de ser humano. Frequentemente, ele caracteriza este novo ser humano como "Zorba, o Buda" – capaz tanto de desfrutar os prazeres terrenos de um Zorba, o Grego, quanto da serenidade silenciosa de um Gautama, o Buda. O fio condutor de todos os aspectos das palestras e meditações de Osho é uma visão que envolve tanto a sabedoria atemporal de todas as eras passadas quanto o mais alto potencial da ciência e tecnologia de hoje (e de amanhã). Osho é conhecido por sua contribuição revolucionária para a ciência da transformação interior, com uma abordagem à meditação que reconhece o ritmo acelerado da vida contemporânea. Suas exclusivas OSHO Meditações Ativas são projetadas para inicialmente liberar o estresse acumulado do corpo e da mente, de modo que seja mais fácil levar uma experiência de quietude e relaxamento livre de pensamentos para a vida diária.

Duas obras autobiográficas do autor estão disponíveis:
Autobiografia de um místico espiritualmente incorreto, Editora Planeta, 2016.
Glimpses of a golden childhood

OSHO INTERNATIONAL MEDITATION RESORT

Localização
Localizado a 160 quilômetros a sudeste de Mumbai, na próspera cidade moderna de Pune, na Índia, o OSHO International Meditation Resort é um destino de férias diferente. O Meditation Resort está distribuído por 11 hectares de jardins espetaculares em uma bela área residencial arborizada.

OSHO Meditations
Programação diária e completa de meditações para cada tipo de pessoa, incluindo métodos tradicionais e revolucionários, particularmente o OSHO Aclive Meditations™. As meditações acontecem naquela que pode ser a maior sala de meditação do mundo, o OSHO Auditorium.

OSHO Multiversity
Sessões individuais, cursos e workshops abrangem tudo, desde artes criativas até saúde holística, transformação pessoal, relacionamento e transição de vida, transformando a meditação em um estilo de vida, para a vida e o trabalho, ciências esotéricas e a abordagem "zen" para esportes e recreação. O segredo do sucesso da OSHO Multiversity está no fato de todos os seus programas se aliarem à meditação, apoiando o entendimento de que como seres humanos somos muito mais do que a soma de nossas partes.

OSHO Basho Spa
O luxuoso Basho Spa oferece natação ao ar livre, sendo rodeado por árvores e vegetação tropical. A jacuzzi espaçosa e com um estilo único, as saunas, o ginásio, as quadras de tênis... tudo isso é realçado por um cenário deslumbrante.

Cozinha

Em uma variedade de diferentes áreas de alimentação, são servidas deliciosas comidas vegetarianas ocidental, asiática e indiana – a maioria cultivada de maneira orgânica, especialmente para o Meditation Resort. Os pães e bolos são confeccionados na própria padaria do resort.

Vida noturna

Há diversas opções de eventos noturnos – dança está no topo da lista! Outras atividades incluem meditações na lua cheia sob as estrelas, shows de variedades, apresentações musicais e meditações para a vida diária. Ou você pode simplesmente desfrutar em conhecer pessoas no Plaza Café, ou caminhar na serenidade noturna dos jardins desse ambiente digno de conto de fadas.

Instalações

Você pode comprar todas as suas necessidades básicas e produtos de higiene pessoal na Galleria. A OSHO Multimedia Gallery vende uma grande variedade de produtos de mídia OSHO. Há também um banco, uma agência de viagens e um cybercafé no campus. Para quem gosta de fazer compras, Pune oferece todas as opções, desde produtos tradicionais e étnicos indígenas até lojas de marcas globais.

Alojamento

Você pode escolher ficar nos quartos elegantes da OSHO Guesthouse ou, para estadias mais longas no campus, selecionar um dos pacotes do programa OSHO Living-In. Além disso, há uma grande variedade de hotéis e apartamentos com serviços nas proximidades.

www.osho.com/meditationresort
www.osho.com/guesthouse
www.osho.com/livingin

**Acreditamos
nos livros**

Este livro foi composto em News Gothic Std e impresso
pela Gegráfica para a Editora Planeta do Brasil em
fevereiro de 2022.